Paul Meier-Kern

Zwischen Isolation und Integration

Paul Meier-Kern

Zwischen Isolation und Integration

Die Geschichte der Katholischen Volkspartei Basel-Stadt
1870–1914

175. Neujahrsblatt
Herausgegeben von der Gesellschaft
für das Gute und Gemeinnützige

In Kommission bei Helbing & Lichtenhahn, Basel 1997

Die Deutsche Bibliothek – CIP-Einheitsaufnahme

Meier-Kern, Paul:
Zwischen Isolation und Integration: die Geschichte der Katholischen Volkspartei Basel-Stadt 1870–1914 / Paul Meier-Kern. – Basel: Helbing & Lichtenhahn, 1997
  (…Neujahrsblatt / Gesellschaft für das Gute und Gemeinnützige ; 175)
  ISBN 3-7190-1506-8
NE: Gesellschaft für das Gute und Gemeinnützige ‹Basel›: Neujahrsblatt

Alle Rechte vorbehalten. Das Werk und seine Teile sind urheberrechtlich geschützt. Jede Verwertung in anderen als den gesetzlich zugelassenen Fällen bedarf deshalb der vorherigen schriftlichen Einwilligung des Verlages.

© 1996 by Helbing & Lichtenhahn, Basel
Satz, Lithos und Druck: Boehm-Hutter AG, Reinach BL
Einband: Buchbinderei Flügel, Basel
ISBN 3-7190-1506-8
Bestellnummerr 21 01506
Printed in Switzerland

Inhaltsverzeichnis

Einleitung... 7

A. *Die Anfänge*... 9
 1. Die Römisch-Katholische Gemeinde im 19. Jahrhundert........... 9
 2. Basel um 1870.. 10
 3. Die Katholiken um 1870................................... 14
 4. Die Gründung des Katholikenvereins....................... 18

B. *Der Katholikenverein im Kulturkampf 1870–1884*............. 23
 5. Das Basler Volksblatt.................................... 24
 6. Die Motion Butz.. 27
 7. Die Bundesverfassung von 1874............................ 28
 8. Die Altkatholiken.. 29
 9. Wilhelm Klein (1825–1887)................................ 30
 10. Der Katholikenverein 1874–1883.......................... 32
 11. Die Aufhebung der katholischen Schule 1884.............. 37

Exkurs: Ernst Feigenwinter und das «Schwarze Kleeblatt»..... 41

C. *Der lange Marsch vom Verein zur Partei 1884–1905*.......... 48
 12. Der Kampf um den Proporz................................ 48
 13. Katholikenverein und Römisch-Katholische Gemeinde....... 51
 14. Die Katholiken als Fasnachtssujet....................... 55
 15. Die Grossratswahlen 1884–1902........................... 59
 16. Die Tätigkeit der katholischen Grossräte................ 67
 17. Weitere politische Aktivitäten.......................... 70
 18. Soziales Engagement..................................... 72
 19. Innere Entwicklung des Katholikenvereins................ 75

D. *Die Katholische Volkspartei 1905–1914*..................... 84
 20. Die Grossratswahlen 1905–1914........................... 85
 21. Nationalrats- und Gerichtswahlen........................ 99
 22. Aus der Tätigkeit der Fraktion 1905–1914................ 100
 23. Die Kirchenvorlage 1910................................. 106
 24. Innere Entwicklung der Partei........................... 112

25. Spannungen zwischen den Flügeln 118
26. Beziehungen zu den Schweizer Dachorganisationen 120

E. Ins Ghetto – aus dem Ghetto? 124

Abkürzungen 130

Anmerkungen 131

Quellen 139

Literatur 141

Bildnachweis + Dank 144

Vorwort

Gerne komme ich dem Wunsch von Autor und Kommission zum Neujahrsblatt entgegen, dem 175. Basler Neujahrsblatt ein Geleitwort auf den Weg zu geben. Ich habe dies auch getan, damals freilich noch als Präsident der Neujahrsblattkommission, als Dr. Walter Lüthi 1983 mit dem 161. Neujahrsblatt unter dem Titel «Der Basler Freisinn von den Anfängen bis 1914» die Reihe der Geschichte unserer grossen Basler Parteien eröffnet hat. Die geplanten Veröffentlichungen waren Teil eines umfangreichen Forschungsprogramms, das Ende der Fünfziger Jahre von Prof. Dr. Erich Gruner, damals noch Gymnasiallehrer in Basel, angeregt worden war. Ursprünglich hätten die einzelnen Beiträge in einer einzigen umfassenden Darstellung erscheinen sollen. Da jedoch die Bemühungen, für die Geschichte der Katholischen Volkspartei einen geeigneten Autor zu finden, jahrelang erfolglos blieben, musste dieser Plan schliesslich aufgegeben werden. Auf Anregung von Dr. Lüthi beschloss daher die Neujahrsblattkommission, die bereits abgeschlossenen Manuskripte über den Basler Freisinn (Walter Lüthi), die Arbeiterbewegung (Wilfried Haeberli) und die Liberal-Konservative Partei (Dorothea Roth) in lockerer Folge in der Reihe der Basler Neujahrsblätter erscheinen zu lassen. Gleichzeitig konnte als Bearbeiter der Geschichte der Katholischen Volkspartei Dr. Max Wehrli gewonnen werden. Während die Publikation der bereits fertig vorliegenden Manuskripte termingerecht erfolgte*, schien über der Geschichte der Katholischen Volkspartei ein Unstern zu walten. Dr. Wehrli, inzwischen zum Rektor der Kant. Handelsschule gewählt und dadurch mit den komplexen Problemen der Basler Schulreform konfrontiert, sah sich bald einmal ausserstande, neben der Flut der auf ihn zukommenden Verwaltungsarbeit sich auch noch Zeit für historische Forschung zu nehmen. Es war daher ein Glücksfall, dass sich Paul Meier-Kern, der sich als Neujahrsblattautor bereits einen Namen geschaffen hatte**, bereit erklärte, auf den Vorarbeiten Dr. Wehrlis aufbauend, in die Lücke zu treten. Mit der nun vorliegenden Publikation ist somit, später zwar als ursprünglich vorgesehen, die Geschichte der grossen Basler Parteien doch noch zu einem glücklichen Abschluss gelangt. Dem Autor gebührt dafür aufrichtiger Dank. Seinem Bande wünschen wir, dass er das Wohlwollen möglichst vieler Leser finden möge; vielleicht lassen sich manche durch die Lektüre sogar anregen, auch zu den früher erschienenen Bänden zu greifen.

Basel, im August 1996   Dr. Friedrich Meyer-Wilhelm

* Walter Lüthi, Der Basler Freisinn (1983); Wilfried Haeberli, Die Geschichte der Basler Arbeiterbewegung, 2 Bände (1985 und 1986); Dorothea Roth, Die Politik der Liberal-Konservativen in Basel (1988).
** Paul Meier-Kern, Verbrecherschule oder Kulturfaktor? Kino und Film in Basel, 1896-1916. 171. Neujahrsblatt, Basel 1993.

A. Die Anfänge

1. Die Römisch-Katholische Gemeinde im 19. Jahrhundert

Die Geschichte der Katholischen Volkspartei ist untrennbar verbunden mit der Geschichte der Römisch-Katholischen Gemeinde in Basel. Die Partei ist aus einem ihrer zahlreichen Vereine, dem Katholikenverein, hervorgegangen[1] und hat sich erst verhältnismässig spät, 1928, zu einer rein politischen Organisation gewandelt[2]. Parteigeschichte ist also bei der Katholischen Volkspartei bis in die zwanziger Jahre auch Vereinsgeschichte.

Die katholische Stadtgemeinde verdankte ihre Existenz der Helvetischen Verfassung, welche 1798 nach dem Untergang der Alten Eidgenossenschaft eingeführt wurde. Die Helvetische Verfassung, welche den fortschrittlichen Geist der Französischen Revolution atmete, brachte unter anderem auch die Religionsfreiheit[3].

Vorher hatten die wenigen in der Stadt ansässigen Katholiken – es mögen einige hundert gewesen sein – bestenfalls Gelegenheit, in der Privatkapelle des österreichischen Gesandten den Gottesdienst zu besuchen. Nun aber stellten ihnen die neuen Behörden die damals noch kleinere Clarakirche zur Verfügung[3a]. Sie bekamen auch ihren ersten Pfarrer, Roman Heer aus Klingnau. Die Gemeindeangehörigen waren meist Handwerker, Arbeiter, Taglöhner oder Dienstboten. Basler Bürger waren keine darunter, denn wegen ihres Glaubens konnten sie das Basler Bürgerrecht nicht erwerben. Auch waren die vielen Ausländer und die Frauen ohne politische Rechte. Darum werden wichtige politische Ereignisse, wie die Kantonstrennung 1833, die Freischarenzüge und die Klosteraufhebungen, der Sonderbundskrieg 1847 oder der Kampf um die neue Bundesverfassung wohl die wenigsten von ihnen besonders berührt haben.

Dies änderte sich mit der Bundesverfassung von 1848, welche die Niederlassungsfreiheit, aber auch die Religionsfreiheit garantierte. Basel allerdings erschwerte die Aufnahme von Katholiken ins Bürgerrecht weiterhin. Erst nach 1866 konnten sich ansässige Katholiken ernsthaft um das Basler Bürgerrecht bemühen[4]. Basel fühlte sich eben, und teilweise bis tief ins zwanzigste Jahrhundert, als reformierte Stadt. Die evangelisch-reformierte Kirche war die offizielle Staatskirche, die «Landeskirche». Dies bedeutete, dass der Staat für ihre Bedürfnisse, z.B. die Gehälter der Pfarrherren oder den Unterhalt der Kirchen, aufkam. Trotz dieser Benachteiligung der Katholiken geht es wohl zu weit, wenn Leo Hänggi das Werden und Wachsen der katholischen Gemeinde in den ersten zwei Dritteln des 19. Jahrhunderts als «Leidensweg» bezeichnet[5]. In Wirklichkeit fühlten sich die Katholiken unter dem patriarchalischen Regiment der konservativen Stadtregierung recht wohl. Theo Gantner beurteilt die Haltung der Regierung gegenüber der katholischen Gemeinde als «gerecht, teilweise sogar ausgesprochen wohlwollend»[6]. So wurde 1858/59 die zu enge Clarakirche auf Staatskosten erweitert, auch wurde die schon seit 1800 bestehende katholische Schule am Lindenberg geduldet. Denn die Katholiken waren keine Feinde des sogenannten «Ratsherrenregiments» der alteingesessenen Basler Familien. Dessen Feind war der immer stärker aufkommende Freisinn.

Bis in die achtziger Jahre hatten die Katholiken noch keine politischen Ambitionen, obwohl ihre Zahl ständig gewachsen war. Neben die Angehörigen der Unterschicht waren unterdessen nicht wenige Handwerksmeister und Gewerbetreibende, ja sogar einige Kaufleute und Akademiker getreten. Ihr religiöses, soziales und kulturelles Leben spielte sich vorwiegend im Kleinbasel ab. Sie trafen sich in der Clarakirche oder in den Lokalitäten am Lindenberg. Die zahlreichen katholischen Badener erreichten die Stadt am Badischen Bahnhof, am heutigen Riehenring, und bezogen in seiner Nähe eine Wohnung.

Die Katholiken bildeten, dem Trend der Zeit folgend, bald eine ganze Reihe von Vereinen. Diese dienten auch der Abschottung vor einer protestantischen oder gar entchristlichten Umgebung. Ganz im Sinne des Klerus beugten sie aber ebenfalls den Gefahren der Mischehe vor. Zu diesen Vereinen gehörte von 1870 an auch der Verein für die katholischen Männer, der Katholikenverein.

2. Basel um 1870

Um 1870 war die Rheinstadt in vollem Wachstum begriffen. Schon in den sechziger Jahren waren die Stadtmauern zum grossen Teil abgerissen worden, und neue Quartiere (Spalen, St. Johann, Bläsi, Horburg) waren am Entstehen. Die Fabrikation und der Handel mit Seidenbändern und Schappe (versponnene Seidenabfälle) machten noch immer den wichtigsten Teil der Wirtschaft aus. Daneben gab es aber auch schon eine Maschinen- und Anfänge der chemischen Industrie.

An der Universität unterrichteten Jacob Burckhardt und Friedrich Nietzsche.

Erst 1875 wurde eine moderne staatliche Wasserversorgung eingerichtet. Harziger dauerte die Einführung der Elektrizität. Erst 1895 wurde die erste Tramlinie eröffnet, und ein Jahr später flimmerte der erste Film über die Leinwand.

Ganze Scharen von Einwanderern, vor allem aus Baden und den Nachbarkantonen, strömten herbei in der Hoffnung, Arbeit zu finden.

Noch hundert Jahre vorher, 1779, hatte die Stadt nur 15040 Einwohner gezählt, 1837 waren es erst 22199, davon 3499 Katholiken. Nach der Bundesverfassung, welche die Niederlassungsfreiheit für Schweizer Bürger brachte, stiegen die Zahlen rasch an:

Jahr	Einwohner		Katholiken		Prozent
1847	28067	Einwohner (im Kanton), davon	4807	Katholiken =	17,1%
1860	40680	Einwohner (im Kanton), davon	9754	Katholiken =	23,9%
1870	47760	Einwohner (im Kanton), davon	12303	Katholiken =	25,8%
1880	65101	Einwohner (im Kanton), davon	19289	Katholiken =	29,6%

1888 74245   Einwohner (im Kanton), davon 22411   Katholiken = 30,2%
1900 112885   Einwohner (im Kanton), davon 37469   Katholiken = 33,1%
1910 136318   Einwohner (im Kanton), davon 41171   Katholiken = 30,2%
(1880–1900 werden die Christkatholiken zu den Römisch-Katholischen dazugezählt.)[7]

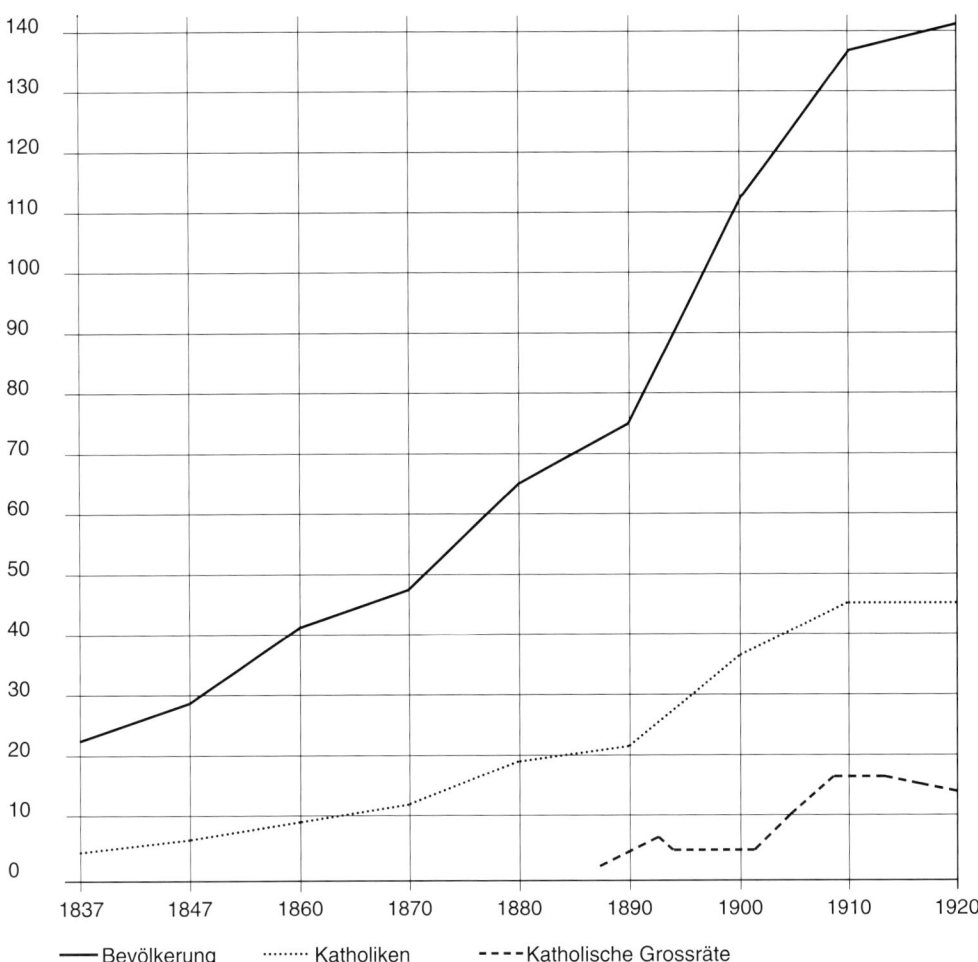

— Bevölkerung   ······ Katholiken   ---- Katholische Grossräte

Regiert wurde die Stadt vom «Kleinen Rat», einer Behörde von fünfzehn Mitgliedern, von denen jedes einer Verwaltungsabteilung, einem «Kollegium», vorstand. Es gab zum Beispiel ein Erziehungs- oder ein Sanitätskollegium, seit 1865 auch ein Niederlassungskollegium. Gewählt wurden diese Ratsherren – das «Ratsherrenregiment» sollte noch bis 1875 dauern – von den 119 Mitgliedern des Grossen Rates, dieser wiederum von der im Verhältnis zur Wohnbevölkerung geringen Zahl der Basler Bürger und den mindestens seit zwei Jahren niedergelassenen Schweizern. «Diese Beschränkung des Wahlrechts wirkte sich für die Arbeiterschaft bedenklich aus, bestand sie doch zum grossen Teil aus kurzfristig hier ansässigen Niedergelassenen» (Haeberli). Schliesslich erwies sich auch das umständliche kantonale Wahlverfahren für die Arbeiterschaft – und gerade da war der Anteil der Katholiken hoch – als sehr abträglich, «wurde doch von 1867 an… an Werktagen, während der Arbeitszeit, gewählt»[8]. Gewählt wurde nach Quartieren. 1870 wählte so z.B. das Riehenquartier in der Theodorskirche einen Grossrat nach dem andern und brauchte dazu, beim Majorzsystem, für vier Kandidaten vier Stunden[9]! So ist es nicht verwunderlich, wenn die Volksvertreter meist aus alteingesessenen Basler Familien stammten und der konservativen Richtung angehörten.

Neben den Konservativen, die immer noch die Mehrheit besassen, bildete sich um 1870 eine von ihnen herkommende fortschrittliche Richtung, der u.a. Paul Speiser angehörte, die «Safranpartei», so genannt nach ihrem Treffpunkt. Immer mehr an Einfluss gewannen die Freisinnigen, die Radikalen, unter ihrem Führer Wilhelm Klein. Noch nicht als eigentliche Partei wären – neben den Katholiken – die Sozialisten zu nennen.

Womit beschäftigten sich 1870 die Basler Zeitungen, die konservativen «Basler Nachrichten» (BN) und der freisinnige «Schweiz. Volksfreund» (SVF)? In der zweiten Jahreshälfte natürlich mit dem Deutsch-Französischen Krieg; der SVF nannte im Rückblick das Jahr ein «Unglücksjahr», in welchem die Politik von Blut und Eisen ihre «grässlichsten Blüten treiben sollte»[10]. Des weiteren schien der Bau der Gotthardbahn ein gutes Stück nähergerückt. Soll sich Basel bei den Jurabahnen beteiligen? Welches sind die geeignetsten Bauplätze für neue Schulen? Soll das St. Albantor abgerissen werden? Und dann die Arbeiterfrage: Neue Arbeiterwohnungen sollten erstellt werden. Der Internationale Arbeiterverein führte ein Schauspiel auf: «Hermann» oder «Elend, Kampf und Sieg» (alles nach SVF). Und last but not least machte die päpstliche Unfehlbarkeit, zum Dogma erklärt am 18. Juli 1870, knapp vor dem Ausbruch des Deutsch-Französischen Krieges Schlagzeilen. Die Verkündung dieses Dogmas wurde zwar durch den Ausbruch der Feindseligkeiten in den Hintergrund gedrängt, trotzdem war es den «Basler Nachrichten» vom 23. Juli einen längeren Kommentar wert, in dem u.a. zu lesen stand: «…Doch kann die Kirche weder ihre Angehörigen völlig von dem die Menschheit beherrschenden Geist der freien Forschung fernhalten, noch ist es der Welt möglich, die theologischen Produktionen absolut zu ignorieren, besonders dann nicht, wenn sie darauf ausgehen, das theoretisch zu negieren und praktisch zu vernichten, was den innersten Lebensnerv des modernen Geistes ausmacht, wie dies durch das Dogma der Unfehlbarkeit und die Lehren des Syllabus beabsichtigt wird…»

«Unfehlbarkeit» und «Syllabus», durch diese Schlagworte gerieten die Katholiken um 1870 bei den Protestanten und den Freisinnigen oft in ein schiefes Licht. Gerade diese zwei Begriffe prägten aber umgekehrt das religiöse Leben der Katholiken und veranlassten sie dazu, sich enger zusammenzuschliessen.

Der Syllabus, 1864 veröffentlicht, war eine Sammlung von achtzig von Papst Pius IX. verurteilten «Zeitirrtümern». Er ist im Grunde nur aus der Auseinandersetzung des Papstes mit dem italienischen Staat, der damals in Bildung begriffen war, zu verstehen. Aber sowohl Gegner als auch Anhänger des Papstes nahmen diese Sätze um 1870 zum vollen Nennwert. Da sind z.B. folgende Irrtümer zu verdammen:

«77. In dieser unserer Zeit ist es nicht weiter dienlich, die katholische Religion als die einzige Staatsreligion zu haben und alle übrigen Formen der Gottesverehrung auszuschliessen.

80. Der Römische Bischof kann und soll sich mit dem Fortschritt, mit dem Liberalismus und mit der modernen Kultur versöhnen und anfreunden.»[10a]

Dass solche Sätze bei Andersgläubigen Kopfschütteln erregten und fortschrittliche Katholiken in Schwierigkeiten brachten, liegt auf der Hand. Zudem stand die Verkündigung des Unfehlbarkeitsdogmas bevor, was schon zu Beginn des Jahres, am 5. Januar 1870, den freisinnigen «Volksfreund» zu einem sarkastischen Spottgedicht anregte:

«Öcumenischer Neujahrswunsch.
Heil'ger Vater! Cardinäle!
Bischöff', Ordensgeneräle!
Pfaffen, Jesuitenbrüder!
Mönche, aller Orden Glieder,
Die die Unfehlbarkeit lehren,
Mögt mein einfach Wort Ihr hören!
Denn ich bring zum neuen Jahr
Euch nur meine Wünsche dar.
Schlimme Jahre Euch bedrangen,
Denn schon längst ist aufgegangen
Über Eures Dogmas Kraft
Helles Licht der Wissenschaft.
Jenes Licht, das Euch so blendet,
Das die Unfehlbarkeit schändet,
Das das Fasten und das Beichten
Gar sarkastisch tut beleuchten.
Jenes Licht, das in die stillen
Klöster bringt des Fortschritts Willen,
Das bald selbst die dümmsten Bauern
Frei macht von den Klostermauern;
Jenes Licht, vor dessen Blitzen
Keine Heiligen beschützen,
Das durch seiner Strahlen Zünden
Feuer bringt den tiefsten Gründen,
Und verkohlet, gleich wie Zunder
Euern ganzen schwarzen Plunder…»

Bei solchen und ähnlichen Beschimpfungen des katholischen Glaubens ist es zu verstehen, dass katholische Männer sich gerade im Frühjahr 1870 enger zusammenschliessen wollten, also schon vor der Erklärung der Unfehlbarkeit und vor der Abspaltung der Altkatholiken – kurz: *vor* dem Beginn des eigentlichen Kulturkampfes. Demnach hat Carl Peter recht, wenn er in der Gründung des Katholikenvereins eine Reaktion auf «den betont antikatholischen Komplex des aufkommenden Radikalismus» sieht[11]. Leo Hänggi erscheint die Gründung eine Antwort auf «die Situation konfessioneller Bedrängnis»[12]. Damit erweist sich die Gründung des Katholikenvereins nicht nur als eine Vereinsgründung unter vielen, sondern auch als Schritt in ein selbstgewähltes Ghetto, verursacht durch die Politik der Gesamtkirche und insbesondere des Papstes, um den treu und ergeben sich zu scharen, ein Ziel des neuen Vereins werden sollte.

3. Die Katholiken um 1870

Der Anteil der Katholiken betrug damals 12 303 oder 25,8% der Kantonsbevölkerung. Davon waren nur 686 (5,6%) Kantonsbürger und 4832 (39,3%) Schweizer. Diese rekrutierten sich namentlich aus den Kantonen Aargau, Solothurn, Luzern und Baselland. 6785 (55,1%) waren Ausländer, davon 4094 Badener. «Die weitaus grösste Zahl dieser Katholiken gehört zur Klasse der Fabrikarbeiter, Taglöhner, Handwerker und Dienstboten und ist unbemittelt.»[13] 7999 waren ledig, meistens Frauen, 4304 verheiratet. Auf 1125 katholische Ehen kamen 1163 Mischehen – Sorgenkinder der Geistlichkeit[14]. Sie predigte deshalb sicher öfter dagegen an, so 1862, wie die Basler Nachrichten vom 25. Februar melden: In der Clarakirche hat eine Predigt «ein nicht gewöhnliches Aufsehen erregt, ja sogar vielfach Ärgernis erzeugt». Diese Predigt darf «als gelungenes Meisterstück geistlicher Intoleranz bezeichnet werden». Für gemischte Ehen würden nur ausnahmsweise Bewilligungen erteilt, wenn
1. der katholische Teil in der Religionsausübung nicht behindert werde,
2. die Kinder «in der alleinseligmachenden katholischen Religion erzogen würden»,
3. der katholische Teil den Partner zur Rückkehr in den Schoss der katholischen Kirche bewege.

Der Pfarrer habe «allen gemischten Ehen die Glückseligkeit abgesprochen» und behauptet, die Kinder solcher Ehen würden «meistens zur Gottlosigkeit erzogen». Die Reformierten seien als «Irrgläubige» dargestellt worden[15].

Der Pfarrer, der hier so scharf kritisiert wurde, war *Burkart Jurt* (1822–1900), «ein kraftvoller, kluger, aber nichts weniger als geschmeidiger Priester; ein Gegner im Grossen Rat nannte ihn einmal mit starker Übertreibung den mächtigsten Mann in Basel»[16]. Für Regierungsrat Speiser ist er «der kluge, aber etwas bäurische Pfarrer Jurt»[17]. Als 35jähriger kam Jurt als neugewählter Pfarrer nach Basel. Weiter berichtet das BV: «Die katholische Gemeinde zählte damals vielleicht 3 bis 4000 Seelen; die Knabenschule mit zwei Lehrern und zirka 80 Schülern war im Pfarrhof selbst untergebracht, und die

Pfarrer Burkart Jurt (1822–1900). Der Luzerner war 1847 Sekretär des Generalstabs der Sonderbundstruppen. 1848 wurde er Priester und Kaplan in Malters. 1858 kam er als Pfarrer nach St. Clara in Basel und wurde 1883 päpstlicher Hausprälat.

Mädchenschule mit drei Lehrerinnen und etwa 120 Kindern befand sich in einem damals neuen Schulhause hinter dem Pfarrhof. Wir lebten im tiefsten religiösen Frieden; eine gerechte, duldsame Regierung dehnte ihren Schutz über uns aus... Die grösstenteils von ihm ins Leben gerufenen Vereine erweitern stets das Feld der Liebeswerke.»[18]

1870 bestanden in der Römisch-Katholischen Gemeinde Basel folgende Vereine (ohne Bruderschaften und Kongregationen):

1848 Krankenkasse der RKG.
1856 Karl Borromäus-Verein zur Verbreitung guter Bücher.
1859 Verein christlicher Mütter. Präsidentin um 1900 war Frau Hediger-Siegrist, die Gattin des ersten katholischen Grossrats. Vielleicht identisch mit dem Montagsverein resp. dem römisch-katholischen Frauenverein[19].

Die Sektionen des Jünglingsvereins St. Clara deckten wohl fast den ganzen Freizeitbereich eines jungen Katholiken ab. Auf der vermutlich um 1907 gemachten Aufnahme ist die Theatersektion zu sehen.

1859 Katholischer Gesellenverein (für die vielen herumziehenden Handwerksburschen). Dieser erste derartige Verein in der Schweiz wurde vom «Gesellenvater» Adolf Kolping selber gegründet[19a].

1860 Knabenverein, nach 1879 Jünglingsverein. Vor 1900 hatte er diverse Sektionen: für Eucharistie, Gesang, Musik, Mandoline, Theater und Deklamation, Französisch, Stenographie, Turnen (später Turnverein), Schach, Billard. Dazu kamen eine Sparkasse, eine Bibliothek und eine alkoholfreie Wirtschaft[20].

1861 Piusverein, eine Sektion des 1857 gegründeten Schweiz. Piusvereins. Dieser unpolitische Verein hatte als Ziele die «Bewahrung und Erhaltung im Glauben sowie Pflege katholischer Wissenschaft und Kunst» und «christliche Caritas»[20a].

1863 Rauracia (Studentenverbindung).

1865 Vinzenzverein (zur Unterstützung der Armen).

1870 (vielleicht schon 1868?) Katholikenverein (Männerverein).

Nach 1870 folgten noch:
1877 Marienverein (für die weibliche Jugend).
1886 Merkuria (für Kaufleute, Beamte, Gewerbetreibende).

Vor 1870 gab es ferner einen Verein zur Glaubensverbreitung, dessen Zentrale in Lyon Geldbeträge an Diasporapfarreien sprach (sein deutschnationaler Konkurrenzverein hiess Bonifatiusverein), den Verein der ewigen Anbetung, den Verein der Kindheit Jesu (ein Missionsverein) und den Paramentenverein[21]. – Die Jahreszahlen der Gründung waren nicht in jedem Fall beizubringen, andere sind fraglich.

Treffpunkt vieler dieser Vereine war das Katholische Knabenschulhaus am Lindenberg[8].

Damit war praktisch jeder Lebens- und Berufsstand erfasst. Mehrfachmitgliedschaften waren durchaus möglich.

Der Sinn dieser vielen Vereinsgründungen war nicht nur ein religiöser oder sozialer, sondern viele dieser «Versuche der innerpfarreilichen Gliederung…, welche oft zur konfessionellen Absonderung vom städtischen Leben führten, dienten letztlich dazu, Mischehen zu verhindern»[22]. Die Vereine waren aber auch Orte der Identitätsfindung, oft bedeuteten sie ein Stück Heimat. Oder, wie das Pfarrblatt vom 15. März 1914 schrieb: «Die katholischen Vereine sind das Bollwerk des Katholizismus gegenüber den gegnerischen Organisationen. Die katholischen Vereine sind die Bildungsstätten für alle Berufsstände in der Gegenwart. Die katholischen Vereine sind das Heilmittel für die religiösen und sittlichen Gebrechen unserer Zeit… Die katholischen Vereine sind die Freude unserer Kirche, der Stolz der Katholiken, der Schrecken ihrer Feinde!»

Ein besonderes Anliegen war Pfarrer Jurt stets die katholische Schule. Diese war schon 1800 vom ersten Pfarrer der Gemeinde, Roman Heer, gegründet worden. 1836 wurde der Hatstätterhof gekauft und dort auch die Schule eingerichtet. Schon 1856 erwies sich der Bau eines Mädchenschulhauses auf dem Areal des «Hinteren Hatstätterhofs» als nötig. 1864 errichtete man in der Nähe des Pfarrhauses ein Knabenschulhaus. In diesem waren im November 1870 sieben Klassen mit 370 Schülern, in der Mädchenschule sechs Klassen mit 375(!) Schülerinnen untergebracht; unterrichtet wurden sie von acht Lehrern und neun Lehrerinnen. «Neben Wohnung und Holz bezieht jeder Lehrer 700 Franken und jede Lehrerin 400 Franken» (pro Jahr! M.)[23]. Das Engagement des Pfarrers belegt sein Ausspruch: «Man nehme mir die Besoldung weg, ich gehe betteln; man reisse mir die Kirche nieder, ich baue eine andere auf; wenn man mir aber die Schule zerstört, so reisst man mir das Herz aus dem Leibe.»[24] Mit widerwilliger Bewunderung, aber auch mit Misstrauen beobachtete der freisinnige «Volksfreund» die Zunahme des katholischen Bevölkerungsteils und seine Finanzkraft: «Wir greifen nicht zu hoch, wenn wir den Wert der ganzen Liegenschaft (die Gebäude am Lindenberg, M.) mit Grund und Boden und Mobiliar auf 350 000 Franken schätzen. Diese geduldete, unbedeutende (?) katholische Gemeinde verfügt also jedenfalls über bedeutende finanzielle Mittel!»[25]

4. Die Gründung des Katholikenvereins

«Katholiken-Verein Basel
Gegründet am 21. Mai 1870
Die Statuten wurden entworfen von den Herren
J. Hauser-Businger (richtig: Bussinger, M.)
G. Hediger-Siegrist
Dr. A. Siegrist-Oehninger
und revidiert von den Gleichen nebst den Herren
Abt-Crussaire
P. Leuthardt-Müller
Jean Meyer
Paul Meyer-Rech
Ad. Weiss-Paignard
und angenommen am 21. Mai 1870 von den an diesem Tag dem Verein beigetretenen Mitgliedern.»

Mit dieser Einleitung beginnt das erste der fünf erhaltenen Protokollbücher des Katholikenvereins. Wer waren diese «Herren», die mit dem Anspruch auftraten, die katholischen Männer Basels in einem Verein zusammenzufassen? Und dazu noch ohne Beizug, wenn auch wohl nicht ohne Wissen des damaligen einzigen Pfarrers Jurt?

Johann Jakob Hauser-Bussinger (1827–1895) war Kaufmann und Mitglied der Vorsteherschaft der Römisch-Katholischen Gemeinde (RKG). Von 1884–1895 war er deren Präsident. «Mit Sachverständnis und Kunstsinn vereinigte er einen unermüdlichen Eifer», berichtete das BV in einem Nachruf[26], und das Basler Jahrbuch[27] sah in ihm einen Mann «von seltener Bildung und geachtet in allen Kreisen der Bevölkerung».

Gottfried Hediger-Siegrist (1831–1903) war Inhaber eines Speditionsgeschäfts am Claragraben und ebenfalls Vorsteher. Er stammte wie Hauser aus dem Kt. Zug und präsidierte die RKG von 1874–1879. «Von seltener Energie und sehr entschlossenem Wesen konnte er in Fragen, die ihm nahe gingen, oft recht feurig werden und war gewohnt, seiner Meinung freiesten und deutlichsten Ausdruck zu geben.»[28] Von 1865 bis zu seinem Tod war er Präsident des Vinzenzvereins.

Der Arzt Dr. Albert Siegrist-Oehninger (1834–1906), ein Schwager Hedigers, stammte ebenfalls aus der Innerschweiz, aus Sarnen. Er war «ein überzeugter Anhänger der Homöopathie»[29]. «In der Kulturkampfperiode hat er seine Ansichten zur Verteidigung des kath. Glaubens offen und mannhaft ausgesprochen.»[30]

Diese drei Männer, alle um die vierzig, sind wohl als die eigentlichen Gründer des Katholikenvereins (KV) anzusehen. Allerdings bestand offenbar ein Vorgängerverein, der schon 1868 gegründet worden war. Denn am 16. April 1893 wurde an der «Feier des fünfzigjährigen Bischofsjubiläums Sr. Heiligkeit P. Leo XIII.» zugleich des 25jährigen Stiftungsfests des KV Basel gedacht. Aber was da genau gefeiert wurde, entzieht sich unserer Kenntnis.

Auch die weiteren Gründungsmitglieder waren, mit Ausnahme des Contremaître (Werkmeister) Adam Weiss-Paignard, unter 40 Jahre alt: Heinrich Abt-Crussaire, Geschäftsagent und Vorsteher der RKG, der Vater des späteren Gerichtspräsidenten Dr. Hans Abt, Jean Meyer-Martin, Fergermeister (Spediteur, M.), sein älterer Bruder Paul Meyer-Rech, auch er Fergermeister und über 50 Jahre Vorsteher der RKG, sowie Peter Leuthardt-Müller. Dieser verdient besonders hervorgehoben zu werden, war er doch nicht nur Schuhmachermeister und Zunftmitglied, sondern später Herausgeber des Basler Volksblatts. Auch war er Vorsteher der RKG und Mitglied des Piusvereins. Peter Leuthardts Vater, ein Niedergelassener, zog 1833 mit den Basler Truppen ins Gefecht gegen die aufständischen Baselbieter. Ihm wurde nachher das Bürgerrecht angeboten, aber da er seine Kinder hätte protestantisch erziehen müssen, lehnte er ab. Mit Alt-Bürgermeister C.F. Burckhardt wollte Peter Leuthardt der Konkurrenz der Grossindustrie durch «Rohstoffassoziationen» innerhalb der Zünfte begegnen, fand aber kein Verständnis[31].

Offensichtlich waren es nicht die vielzitierten «einfachen Leute» – Handwerker, Industriearbeiter, Taglöhner –, welche ja den Grundstock der RKG bildeten, die den KV gründeten, sondern Männer in gehobenen, angesehenen Positionen. Wer noch fehlte, waren die Juristen. Sie sollten aber bald einmal ein tonangebendes Element in der Führung der Katholiken Basels bilden.

Was wollten diese Männer mit der Gründung des KV erreichen? Darüber geben uns die Statuten Auskunft.

Der Zweckartikel (§1) postuliert «eine grössere Einigung aller in Basel wohnenden Katholiken und damit ein festeres Zusammenhalten derselben sowohl in Reglung ihrer eigenen Gemeindeangelegenheiten als in ihrem Auftreten nach aussen». Es ging also in erster Linie um die Belange der Gemeinde. Aber eine Einmischung in die kantonale Politik war damit nicht ausgeschlossen. Jedenfalls schrieb der langjährige Präsident Joos viel später: «Es war also damals schon eine organisierte politische Betätigung des Vereins vorgesehen.»[32] In § 2 wurden «gegenseitige Belehrung und Aufklärung seiner Mitglieder in kirchlich politischen Fragen» als Ziele formuliert. Geschehen sollte das «durch mündliche Besprechungen bei geselliger Unterhaltung» oder «durch Lesung entsprechender Journale und Zeitschriften». Darum wird der Verein «in einem zu den Zusammenkünften bestimmten Locale (das womöglich mit einer Restauration verbunden werden soll) eine Anzahl den kath. Standpunkt vertretender politischen Zeitungen, unterhaltende und belehrende Zeitschriften und Broschüren zu freier Benutzung der Mitglieder auflegen» (§ 3). Als Lokal vorgesehen war ein Zimmer im Gasthof zur Krone an der Schifflände.

Dieser Service wurde rege benutzt, führte aber bei Ausbruch des Deutsch-Französischen Krieges (Juli 1870) zu heftigen Diskussionen. «Oft zu einseitige Meinungen» prallten aufeinander, denn der KV stand keineswegs nur Schweizern offen, und der Anteil der Deutschen bei den Katholiken war beträchtlich. Diese Polarisierung führte dazu, dass etliche Mitglieder, wohl Franzosenfreunde oder Elsässer, dem Verein die

Vorderseite eines Faltblattes, das als Gratis-Einlage dem Programm der Papstfeier von 1908 (Pius X. feierte sein goldenes Priesterjubiläum) beigegeben wurde. An dieser Feier nahmen etwa anderthalb tausend Personen teil (vgl. S. 117).

Treue kündigten. Schon 1871 reduzierte man die Zahl der abonnierten Zeitungen und behielt nur noch die beliebtesten:
- die Cölnische Volkszeitung und die Fliegenden Blätter (beide deuten auf den starken Anteil der Deutschen im KV hin)
- die Luzerner Zeitung und das Nidwaldner Blatt (daran lässt sich das Gewicht der katholischen Stammlande ablesen).

Die Mitgliedschaft zum KV war geregelt durch § 7: «Zutritt zum Verein hat jeder in Basel und Umgebung wohnende Katholik, der sich nicht nur dem Namen nach, sondern auch durch seine Gesinnung und Lebenswandel als solcher betätigt.» Der Ausschuss bestand aus fünf Mitgliedern, welche den Präsidenten – der erste war *Dr. Albert Siegrist* – wählten. Das Eintrittsgeld war beliebig, der Beitrag für das halbe Jahr betrug immerhin drei Franken. Bei der Gründung zählte der Verein 52 Mitglieder. 1871 waren es bereits 208[32a].

Schon im Mai 1871 traten Siegrist, Hediger und Hauser aus dem Ausschuss zurück. Der neue Präsident hiess nun *Franz Joseph Thierry-Roux,* «Inhaber einer Cigarren- und

Tabakfabrik»[33]. Dieser eröffnete im Winterhalbjahr 1871/72 die auf den Vorschlag von Vikar Schwörer zur Weiterbildung der Mitglieder organisierten Vorträge mit dem Thema «Die kath. Kirche in Amerika». Fast alle vierzehn Tage fand nun ein Vortrag statt.

Themen waren u.a. «Die Unfehlbarkeit», «Die Reformation in Basel», «Der Kampf des Antichristentums mit dem Christentum». Als Referenten hörte man neben Vereinsmitgliedern hiesige und auswärtige Geistliche. Aber auch Feste wurden gefeiert, so das 25jährige Jubiläum der Wahl Pius IX. zum Papst. Es gab dabei ein Nachtessen, «auch der Schweiz. Studentenverein war bereits vollzählig anwesend… An Reden und Toasten mannigfacher Art» fehlte es nicht[34]. Der Anlass dauerte bis zwei Uhr morgens…

*   *
*

Porträt eines Mitglieds des Katholikenvereins

KARL BAUR-STRITT, SCHREINERMEISTER, 1860–1945

Er wurde am 8. Oktober 1860 in Hepbach-Riedheim, Amtsbezirk Überlingen (am Bodensee), im Grossherzogtum Baden, als viertes von acht Kindern geboren. Sein Vater war Landwirt. 1875 begann er eine Schreinerlehre, 1881 finden wir ihn als Schreiner in Markdorf. Seine Arbeitszeit war von 5 Uhr morgens bis 10 Uhr abends, oft auch am Sonntag.

1883 kam Karl Baur in die Schweiz. In St. Gallen trat er dem Gesellenverein bei, der ihm bald zur «zweiten Heimat» wurde. (Der Katholische Gesellenverein wurde 1849 in Köln durch den Geistlichen Adolf Kolping gegründet. Der erste Schweizer Gesellenverein entstand 1859 in Basel in Kolpings Anwesenheit. Als Anlaufstation sollte der Verein den herumziehenden katholischen Handwerksburschen ein Heimatgefühl, Wohngelegenheiten und eine religiöse Lebensbasis vermitteln.)

Nach allerlei Umwegen traf Karl Baur am 29. Juli 1884 in Basel ein und fand eine erste Unterkunft im «Roten Ochsen» an der Ochsengasse 2, einer «typischen Herberge der Handwerksgesellen» (NZ, 18.3.1934). Sofort meldete er sich im Gesellenverein (am Lindenberg), dessen «Senior» (Präsident) er am 11. April 1886 wurde. Am 9. Dezember 1887 trat er zurück, weil er unterdessen, am 16. Oktober 1887, an der Heumattstrasse eine eigene Schreinerei eröffnet hatte. Weiterhin setzte er sich aber vehement, und im Gegensatz zu Pfarrer Jurt, für ein Gesellenhaus ein.

Im Nachbarhaus der Schreinerei, an der Heumattstrasse 13, war seit Anfang 1889 Emma Stritt von Ühlingen, im südlichen Schwarzwald, als Magd tätig. Mit ihr verheiratete sich Karl Baur am 4. Februar 1890. Das Ehepaar hatte zwölf Kinder.

Das Einkommen Baurs betrug um 1890 zwischen 1800–2400 Franken im Jahr.

Am 1. Oktober 1892 kaufte Karl Baur das Haus Drahtzugstrasse 26, dessen Pläne seinerzeit, 1877, Gregor Stächelin entworfen hatte. Das Haus war belastet mit einer 1. Hypothek von Fr. 40000.– und einer 2. Hypothek von Fr. 12000.– Im Hinterhof befand sich die Werkstatt. In Basel gab es um jene Zeit 140 Schreinereien.

Am 21. Januar 1903 stellte Karl Baur das Gesuch, Basler Bürger zu werden.

Wann er Mitglied des Katholikenvereins wurde, ist nicht mehr festzustellen. In den Mitgliederverzeichnissen von 1895 und von 1911 ist er jedenfalls aufgeführt. Auch stellte er sich der Katholischen Volkspartei zweimal, 1911 und 1914, als Kandidat für den Grossen Rat zur Verfügung, ohne allerdings gewählt zu werden.

Karl Baur-Stritt mit Ehefrau Emma und seinen neun Kindern (zwei werden noch dazukommen). Aufnahme von 1904.

Am 4. Februar 1907 erwarb Baur die Liegenschaft Feldbergstrasse 37. Zur neuen Liegenschaft gehörte auch ein Hinterhaus und die Werkstätte. 1908 wurde Karl Baur, zusammen mit drei andern Schreinern, Mitglied der Spinnwetternzunft. Im gleichen Jahr starb seine Frau Emma.

1911 verheiratete er sich mit Rosalia Thüring von Ettingen. Dieser zweiten Ehe entsprossen drei Kinder.

1911 zahlte Baur 15.30 Einkommens- und 42 Franken Gemeindesteuer. Daraus lässt sich ein Einkommen von 3000–4000 Franken errechnen.

Am 7. Oktober 1945 starb Karl Baur im Alter von 85 Jahren.

B. Der Katholikenverein im Kulturkampf 1870–1884

Unter dem Begriff «Kulturkampf» (der Ausdruck wurde erst 1873 geprägt) versteht man die Auseinandersetzung des liberalen Staates mit der durch Syllabus und Unfehlbarkeitsdogma geprägten katholischen Kirche nach 1870, vor allem in Preussen.

In der Schweiz entzündete sich der Konflikt an der Ausweisung des Genfer Stadtpfarrers Mermillod (er wurde später Kardinal) wegen der geplanten Errichtung eines Bistums Genf und an der von Bischof Lachat (Bistum Basel) geforderten Anerkennung des neues Dogmas, was seine Absetzung zur Folge hatte und auch in der Schweiz zur Gründung der christkatholischen Kirche führte.

Auswirkungen zeigten sich in der revidierten Bundesverfassung von 1874: Sie enthielt die «Kulturkampfartikel» (Ausdehnung des Jesuitenverbots, Verbot der Klöstererrichtung, Verbot neuer Bistümer) und die Einführung der Zivilehe.

In Basel spürte man unmittelbar nach 1870, vielleicht mit Ausnahme an der Fasnacht, wenig vom Kulturkampf. Auch in den Protokollen des KV ist nichts zu finden. Überhaupt ist über die Tätigkeit des Vereins bis 1872 wenig zu erfahren.

Offenbar bestand für die Lektüre der abonnierten Blätter kein Bedürfnis mehr, so dass beschlossen wurde, sie abzubestellen, «da dieselben doch nicht gelesen würden»[35]. Allerdings stellte schon 1872 Dr. Siegrist den Antrag, «einige zeitgemässe Zeitungen» aufzulegen. So wurden nun bestellt
1. Die katholische Bewegung
2. Die Stimmen von Maria Laach
3. Historisch-politische Blätter (von Josef Görres begründet, verbreiten sie ultramontanes Gedankengut)[36]
4. Die Bremse.

Auch die Vortragstätigkeit wurde fortgesetzt. Es referierten Oberlehrer Nonnenmacher, Pfarrer Jurt, Gottfried Hediger und der bedeutende katholische Volksschriftsteller Alban Stolz («Über die Zweckmässigkeit der kath. Vereine»). Gewöhnlich traf man sich in der «Krone» oder im Café «Girard».

Schmerzlich vermisste man ein eigenes Vereinshaus; seine Errichtung wurde aber ins Auge gefasst; als Grundstock wurden Aktien à zwanzig Franken ausgegeben.

Ende 1872 erfasste die konfessionelle Auseinandersetzung auch den KV, dessen Protokollbuch einem Zusammenstoss mit der Gruppierung der freisinnigen Katholiken breiten Raum einräumt[37].

Es waren dies jene Katholiken, welche sich dem Unfehlbarkeitsdogma nicht zu unterwerfen gedachten und die deswegen von den freisinnigen Reformierten und von den Radikalen lebhaft unterstützt wurden. Diese Gruppe lud auf den 29. November 1872 zu einer Versammlung ins Café Girard ein, in der Meinung, es werde «der Grosszahl der hiesigen Katholiken gelegen sein, sich einmal über die gegenwärtigen kirchlichen Fragen zu besprechen». Auch wollten sie sich bei dieser Gelegenheit besser organisieren und Delegierte zur Altkatholiken-Versammlung vom 1. Dezember in Olten wählen. In diese Versammlung drängten sich nun auch viele Mitglieder des KV sowie weitere papsttreue Katholiken, so dass keine Beschlüsse gefasst werden konnten. Dies zwang die «Neuprotestanten», wie sie später vom Basler Volksblatt auch tituliert wurden, in ein anderes Lokal zu dislozieren. Die Zurückbleibenden brachten ein Hoch auf den aus Solothurn vertriebenen Bischof Lachat aus, und gleichzeitig wirkte die Versammlung als Werbeanlass, der dem KV über hundert neue Mitglieder brachte. So betrug die Mitgliederzahl 1873 schon 410[38].

In die Auseinandersetzungen mit den Altkatholiken schaltete sich ab September 1873 auch die neugegründete Zeitung der Basler Katholiken ein.

5. Das Basler Volksblatt[39]

Die Geburt des «Basler Volksblatts» (BV) geht zurück auf den vielbeachteten «Tag von Arlesheim»: Dort fand am Sonntag, dem 20. April 1873, eine von mehreren tausend Bürgern besuchte Tagung statt, welche im Birseck den Boden für den Altkatholizismus bereiten sollte. Neben dem bekannten radikalen Kämpfer Augustin Keller trat auch Niklaus Feigenwinter, der älteste Bruder von Ernst Feigenwinter, dem späteren Führer der Basler Katholiken, als Redner auf. Ins Publikum hatte sich aber auch eine grosse Zahl Papsttreuer gemischt, so dass es trotz der Bewachung durch drei Kompagnien Baselbieter Truppen zu einer Gegendemonstration kam, wobei sich der zwanzigjährige Ernst Feigenwinter besonders hervortat mit Zwischenrufen. «Es begann die ultramontane Rotte einen solchen Lärm, dass es unmöglich war, weiterzufahren... Erst als die Truppen Ernst machten und vier der lautesten Schreier an den Schatten setzten, konnten die Verhandlungen ungestört zu Ende geführt werden.»[40] Beim Rückmarsch in die Stadt machten die Basler Katholiken bei einem Feldkreuz auf dem Reinacher Felde halt. Dort hielten Peter Leuthardt und Ernst Feigenwinter kurze Ansprachen, worauf die Männer einmütig beschlossen, eine katholische Tageszeitung herauszugeben[41].

Peter Leuthardt (1834–1892) war bis 1885 die Seele des Unternehmens[42]. Gebürtig von Arlesheim, war er in Basel als Schuhmachermeister tätig. Sein Gesuch, Basler Bürger zu werden, wurde an die für ihn unannehmbare Bedingung geknüpft, seine Kinder protestantisch zu erziehen. Erst 1867, als sich allmählich Toleranz durchsetzte, wurde er Basler und Mitglied der Schuhmacherzunft. 1879 wurde er dort Vorgesetzter und später Zunftschreiber. Er erkannte als einer der ersten die Bedrohung seines Berufsstandes durch die Grossindustrie[43]. In den gleichen sechziger Jahren war Leuthardt ein Gefolgsmann Wilhelm Kleins, der sich gerne des aufgeschlossenen Mannes bedient hätte, um die Katholiken auf die Seite der Freisinnigen zu ziehen. Doch als nach 1870 «die Herren

Klein und Brenner, Falkner und Consorten die grossen Blasebalgtreter des Kulturkampfes wurden, da war für Leuthardt die Sache entschieden»[43a]. Im Café Girard war er der Wortführer der Katholiken. Er wurde zum Herausgeber und Drucker des BV.

Um 1873 gab es bereits vier Zeitungen in Basel: die Basler Nachrichten (BN), mit u.a. F.A. Stocker, einem der Führer der Altkatholiken, als Redaktor, den Schweiz. Volksfreund (SVF), redigiert von Wilhelm Klein, ein «radikales, oft leidenschaftliches, der Regierung abgeneigtes Oppositionsblatt»[44], ferner die deutschfreundliche Schweizerische Grenzpost sowie die erst seit 1873 erscheinende konservative Allgemeine Schweizer Zeitung. Gegen diese Konkurrenz galt es nun, sich zu behaupten. Das BV, welches sich nicht nur an Leser in Basel, sondern auch im Birseck und im Fricktal wandte, stand natürlich voll auf katholischer Grundlage, d.h. treu zum Papst und zu den Bischöfen, und so wollte es «über die öffentlichen Angelegenheiten und Ereignisse berichten, gemeinschädlichen Irrtümern, Lügen und Bosheiten entgegentreten, in einfach würdiger Haltung». «Das Volksblatt will sich auf das lebhafteste bei der Beweisleistung beteiligen, dass, wer das himmlische Vaterland über alles stellt, zugleich die Pflicht gegen das irdische so erfüllt wie kein anderer besser.»[45]

Als ersten Redaktor berief man den ehemaligen Baselbieter Staatsanwalt und früheren Redaktor des «Demokrat aus Baselland», Caspar Alois Bruhin. Dieser hatte eine bewegte Vergangenheit hinter sich, bevor er nach 1870 wieder in den Schoss der Kirche zurückkehrte. Nach politischer Tätigkeit im Kanton Baselland wurde er Präsident des Basler IAV, des Internationalen Arbeiter-Vereins, und als solcher wurde er Vizepräsident des 4. Internat. Kongresses der 1. Internationale in Basel. Bruhin befand sich demzufolge ganz im linken, sozialistischen Spektrum, und das nur vier Jahre, bevor er BV-Redaktor wurde. Was führte den knapp Fünfzigjährigen wohl ins katholisch-konservative Lager? Wir wissen es nicht[46].

Am 20. September 1873 erschien als erstes eine Probenummer mit dem Leitartikel «Den Frieden zum Grusse». Darin wurde zuerst die katholische Rechtsauffassung definiert, nach welcher nicht das Recht des Stärkeren gilt, sondern das Naturrecht, das sich aus der Vernunft, und das göttliche Recht, das sich aus der Offenbarung ableiten lässt. Heute gelte statt dessen ein falsch verstandener Freiheitsbegriff, der den Staat zu einem Götzen erhebe. Uns werde das Recht des je Stärkeren auferlegt. «Man zwingt uns das Schwert der Verteidigung in die Hand!... Denn Kampf gegen Gott ist dieser grosse Geisterkrieg!» Unter «Eidgenossenschaft» folgt eine Analyse der geplanten Änderungen der Bundesverfassung, besonders im Hinblick auf Kirche und Orden. Die Hoffnung wurde ausgesprochen, dass die protestantischen Miteidgenossen, «unterstützt von abtrünnigen Katholiken, ihr Übergewicht nicht missbrauchen, um die heiligsten Rechte der Katholiken und ihrer Kirche niederzutreten». Unter «Basel»: Appell an die Toleranz; es solle nicht ständig wieder behauptet werden, «wir Katholiken seien schlechte Bürger, ja Vaterlandslose und Vaterlandsverräter». Als Gegenbeweis dienten die Taten der «ultramontanen Heldenväter» von St. Jakob. Es folgen Angriffe gegen die BN und besonders gegen den SVF: «Dem Volksfreund ist es ganz erbärmlich öd ums liberale

Herz, dass in die hiesige, von vortrefflichen Seelsorgern bediente Gemeinde keine altkatholische Bresche zu schiessen ist.» Der Freisinn und der Altkatholizismus, «dieser Säugling der Amme Bismarck», sollten nun für geraume Zeit die bevorzugten Zielscheiben der Angriffe des BV werden, wobei man auch vor persönlichen Verunglimpfungen z.B. der altkatholischen Bischöfe Reinkens und Herzog nicht zurückschreckte. Der scharfe, spitze, hämische, ja beleidigende Ton, in welchem diese Kampfartikel verfasst wurden, lässt sich durch viele Jahrgänge des BV verfolgen.

Nun, die Gegner standen in ihren Erwiderungen in nichts zurück. Am 30. September 1873 kommentierte der SVF das Erscheinen des BV unter dem Titel «Eine neue ultramontane Bescherung» und bedachte die unliebsame Konkurrenz mit Ausdrücken wie «Wechselbalg», «Giftpflanze», «Fasler Balgsblatt». Die Konstitution des Säuglings sei «grundverdorben, schimmlig, modrig und faul». Dahinter stecke eine «pfäffische Schreiber-Clique». Das Blatt sei voll von Lügen, Verleumdungen und Trivialitäten. «Rom ist ihr Vaterland.» «Seit der Fluchbulle der Enzyklika, seit der Infamie des Syllabus, seit der gotteslästerlichen Unfehlbarkeitsposse hat das Papsttum den letzten Rest der Achtung aller Denkenden eingebüsst, und ein Organ, das die Stirne hat, jene modernen, geisttötenden Substanzen dem Volk als Heilsspeise aufzutischen, verdient öffentlich gebrandmarkt zu werden.»

Wahrhaftig, die Jugend des BV war «ausserordentlich bewegt, kummervoll und mühsam», wie im Rückblick zum 25. Jubiläum[47] zu lesen ist. Die Zeitung erschien zuerst nur am Samstag. Gedruckt wurde sie bei Ch. Krüsi am Barfüsserplatz 9, aber schon 1874 richtete P. Leuthardt in einem Hinterstübchen seines Hauses an der Weissen Gasse 12 eine kleine Setzerei ein, wo von 1878 an weibliches Personal aus Freiburg i.Ü. arbeitete.

Auf Bruhin folgte von 1879 bis 1885 als Redaktor Ernst Feigenwinter, der schon vorher als Birsecker Korrespondent und als Basler Berichterstatter mitgearbeitet hatte. Er sollte bald mit Schwierigkeiten zu kämpfen haben. «Gestern habe ich hier in Basel mit den Vorstehern der kath. Gemeinde wieder eine Erfahrung gemacht», schrieb er im Winter 1879 seiner Braut Berta von Blarer[48]. «Denke Dir nämlich, dass man Herrn Leuthardt, seitdem das Blatt an Ansehen etwas gestiegen ist, nun mit Gewalt den Verlag entreissen, die Druckerei in den Pfarrhof nehmen und ein Pfaffenblatt in des Wortes verwegenster Bedeutung daraus machen will. O, der gelbe Neid.»

Für 1881 gibt es eine Kostenberechnung für das Blatt, das nun dreimal wöchentlich erschien. Demnach standen Fr. 16807.60 Ausgaben (der grösste Posten für das Setzen) Fr. 14910.– an Einnahmen gegenüber. Diese bestanden zum grössten Teil aus den Abonnements: 1600 à Fr. 7.60 (im Jahr). So resultierte ein Defizit von fast Fr. 2000.–[49]. Vielleicht deswegen übernahm nun eine Kommission die Zeitung. In dieser Kommission befanden sich neben anderen Nichtbaslern der nachmalige Bischof Leonhard Haas, der spätere Redaktor Kaplan Alphons Lauter und Dr. Caspar Decurtins von Trun (GR). 1884 wurde Flurin Berther, ein Freund von Decurtins, in die Redaktion berufen. Ende 1887 wurde er durch Kaplan Alphons Lauter abgelöst. Weitere Redaktoren waren Caspar Fäh (1893–1900), Friedrich Reinheimer (1900–1903), Franz von Matt (1903–1906),

Dr. Rudolf Niederhauser, der spätere Regierungsrat (1906–1908) und Anton Auf der Maur (1908–1925). Als weiterer Redaktor wirkte von 1905–1946 Joseph Portmann.

Von 1885 an führte die «Gesellschaft von der göttlichen Liebe» in Ilanz den Verlag. Er wurde von acht Schwestern besorgt, von denen fünf das Setzen übernahmen. 1888 wurde das Unternehmen durch die Gründung einer Aktiengesellschaft (Präsident: E. Feigenwinter) abgesichert. 50% der Aktien befanden sich in den katholischen Stammlanden. 1894 erwarb die AG das Haus zum Cratander an der Petersgasse 34, wo die Zeitung nun sowohl gesetzt als auch gedruckt wurde. Erst 1890 war das BV zu einer Tageszeitung geworden.

Um dieselbe Zeit wie das BV erblickten auch andere katholische Zeitungen das Licht der Welt: 1871 das Vaterland (Luzern) und die Liberté (Fribourg), 1875 die Ostschweiz (St. Gallen), allesamt Kinder des Kulturkampfs.

Wenn wir im weiteren Verlauf der Geschichte des KV das BV als sein Sprachrohr betrachten, so hat das seine guten Gründe. Die Initianten des BV waren praktisch alle Vorstandsmitglieder des KV, und der KV unterstützte das junge Blatt mit finanziellen Beiträgen: Eine Kollekte an der Versammlung vom 10. September 1873, an der auch die Gründung einer «Pressegesellschaft» bekanntgegeben wurde, ergab 900 Franken. Ferner wurde beschlossen, dem BV jährlich 300 Franken zuzuwenden. Schliesslich war Ernst Feigenwinter späterer langjähriger Präsident des KV.

Für die Jahre 1875–1877 fehlen leider drei Jahrgänge der Zeitung. Sie sind in keinem Archiv mehr aufzufinden.

6. Die Motion Butz

Am 6. Oktober 1873 wurde im Grossen Rat eine schon im Mai eingereichte Motion des altkatholischen Gipsermeisters Franz Josef Butz begründet. Darin verlangt Butz, «es sei das katholische Kirchen- und Schulwesen in Basel gesetzlich zu regulieren und für die Zukunft unter Aufsicht und Schutz des Staates zu stellen». Butz, der im Namen der freisinnigen Katholiken (wohl F.A. Stocker und Philippi) sprach, richtete schwere Vorwürfe an die Geistlichkeit, «welche die einen in der Finsternis hält, die andern verleumdet und dabei freilich weniger selbst agiert als die Kapuziner und Vicarien agieren lässt – selbst Jesuiten wurden beigezogen». Das Pfarramt missbrauche die Kanzel dazu, «um seine Pfarrkinder im finstern, stockultramontanen Geist zu belehren»[50]. Stocker unterstützte Butz. Das Verhältnis zu den Katholiken sei getrübt seit dem Unfehlbarkeitsdogma, eine Frucht dieser Lehre sei u.a. «die Gründung eines vom römischen Geist durchdrungenen Volksblattes». Die katholische Schule – sie zählte damals beinahe 900 Schülerinnen und Schüler – sei eine Pflanzstätte der Intoleranz. Die Schule gehöre dem Volksstaate, und dieser müsse alles Unrepublikanische und Unpatriotische bekämpfen.

Bürgermeister C.F. Burckhardt als Vertreter der Regierung meinte dazu, das Verhältnis zur RKG sei 1822 geregelt worden. «Eine Kontrolle sei vorhanden gewesen, wenn auch umso schwerer, je mehr sich die gewährleistete Glaubensfreiheit Geltung verschafft habe. Dem katholischen Pfarramt gibt er das Zeugnis, dass der Verkehr zwischen ihm und der Regierung ein ungetrübter gewesen... Man kann nicht gegen Gesinnungen einschreiten, wie der Anzug uns zumutet, der eine Massreglung einleitet, die bei der Schule nicht stehen bleiben kann... Unpolitisch ist es, die Katholiken so zu erbittern, wie das in der Schweiz so mancherorts der Fall ist... Was insbesondere die Schule betreffe, so stehe es jedermann, also auch den Katholiken, frei, Privatschulen zu errichten.» So Burckhardt gemäss BV vom 11. Oktober 1873. In derselben Nummer findet sich eine ausführliche Erwiderung auf die Anschuldigungen von Butz. Zum Schluss meinte der Verfasser, «dass die (katholische) Schuljugend mindestens doppelt so viel Toleranz gegen Andersgläubige jetzt schon besitzt, als derselbe (der Herr Antragsteller) in seinem Anzuge und dessen Begründung gegen die einen Viertel der hiesigen Bevölkerung ausmachenden Katholiken der römischen Kirche an den Tag zu legen geruht hat».

Der Anzug wurde jedoch mit 80 gegen 13 Stimmen dem Kleinen Rat überwiesen.

Im Anschluss an die Motion Butz organisierte der KV eine Versammlung im grossen Saal des Knabenschulhauses, an der nahezu tausend Männer teilnahmen. Dort wurde eine Petition vorgelegt, welche die Belassung der Eigenverwaltung der RKG sowie der katholischen Schule forderte. Die Petition wurde von 4665 Männern und Frauen unterzeichnet. Der Regierungsrat beauftragte nun das Erziehungskollegium (heute der Erziehungsrat) mit einem Bericht, der im Mai 1874 erstattet wurde und auf Untersuchungen von Schulinspektor Hess beruhte. Der Bericht bejahte grundsätzlich das Existenzrecht einer katholischen Privatschule, gewisse Mängel aber seien zu beheben. Der Regierungsrat beschloss in der Folge, die Pläne zu einer neuen Schulorganisation abzuwarten. Diese Pläne arbeitete niemand anderer als Wilhelm Klein aus, der 1875 als Regierungsrat Vorsteher des Erziehungsdepartements wurde[51].

7. Die Bundesverfassung von 1874

Die Änderungen der Bundesverfassung von 1848, welche von den Radikalen verlangt wurden, sollten auch das BV das folgende halbe Jahr beschäftigen, denn diese Änderungen sahen neue diskriminierende Artikel gegen die katholische Kirche vor: das Verbot von Klöster- und Ordensgründungen und das Verbot der Errichtung neuer Bistümer ohne Bundesgenehmigung. Schon in der KV-Versammlung vom 1. November 1873 wurde Kritik an den Initianten des Bundesverfassungs-Entwurfs geübt, welche «die Preisgebung des selbständigen Lebens... an eine bundesherrliche Allmacht» verlangten. Immer wieder erschienen im BV warnende Artikel gegen den Entwurf. «Der neue Bundesentwurf trägt das Brandmal der Kirchenfeindlichkeit an der Stirne: wie könnte er im Namen Gottes des Allmächtigen, wie es auch in seinem Eingange wieder fast gotteslästerlich heisst, angenommen werden?» «Nehmen wir (den Entwurf, M.) an, so hängt daran der Untergang der Eidgenossenschaft.» Und mit schwerem Geschütz: «Wir schreiben Nein, weil es unser Gewissen gebietet; weil die Enthaltung oder gar das Ja eine schwere Sünde und ein grosses Verbrechen wären.»[52]

Es waren aber nicht nur religiöse Gründe für die Ablehnung massgebend. Grundsätzlich waren die Katholiken föderalistisch gesinnt: Der Entwurf raube den Kantonen die eigene Wehrkraft, mache sie machtlos «einerseits gegenüber unsittlicher und pestartiger Einwanderung, andererseits gegenüber den Folgen eines entchristlichten, schrankenlosen neuschweizerischen Ehe- oder vielmehr Beihälterwesens. Er bevormundet die Kantone… auf dem Gebiet der Volksschule, um diese zu entchristlichen und gründlich zu verderben. Er nimmt den Kantonen einseitig Eigentum, wie Zoll- und Postentschädigungen, und stellt eine schweizerische Steuer in bestimmte Aussicht… Er stellt auch bereits einheitliche Rechtssprechung in Bestellung eines Bundesgerichts in Aussicht». Doch die Hauptgründe waren im wesentlichen religiöser Natur. Darum schliesst der Artikel im BV mit dem fett gedruckten Aufruf: «Wir schreiben Nein, weil die Annahme unser Vaterland in den Gotteskampf verwickeln und es endlich zum sicheren Untergang führen müsste. Nein! Nein!» Man könnte beinahe vermuten, dass die Gründe zur Ablehnung aus innerschweizerischen Arsenalen stammten. Denn in Basel war ja die Einwanderung der Katholiken besonders prägnant, und, soweit die Neuzuzüger Schweizer waren, brachte ihnen die neue Bundesverfassung das Recht der Mitsprache in Kanton und Gemeinde (Artikel 43). Damit wurde die politische Betätigung für diese Gruppe eigentlich erst interessant.

8. Die Altkatholiken

Es ist an dieser Stelle vielleicht angebracht, die Anfänge der altkatholischen, oder, wie sie sich in der Schweiz nennt, der christkatholischen Kirche in Basel etwas näher zu beleuchten.

Die Widersetzlichkeit deutscher Katholiken, worunter auch Bischöfe und Theologen, gegen das Unfehlbarkeitsdogma führte offenbar um 1871 auch Basler Katholiken dazu, ihrer angestammten Kirche den Rücken zu kehren. Eine erste Versammlung dieser kritischen Katholiken Ende 1872 wurde «bei Beginn von anwesenden Katholiken der infallibilistischen Richtung gestört» und musste vom Café Girard in die Safranzunft verlegt werden[53]. Es folgte zwei Wochen später ein Vortrag von Bischof Reinkens[54] aus Breslau in der Martinskirche, an welchem angeblich 1500 Männer und Frauen teilnahmen, «darunter Magistratspersonen, Geistliche und Lehrer in namhafter Zahl»[55]. Dies war, so der SVF vom 14. Dezember 1872, der «Moment, wo zum zweiten Mal der Bürgersinn anfängt, sich gegen die Anmassungen der römischen Götzen zu erheben».

Am 3. Januar 1872 wurde der Verein freisinniger Katholiken in Basel gegründet – im Namen kann man schon eine politische Komponente sehen. Weitere Vorträge folgten im März und April 1873. In der letzteren Versammlung sprach ein unbekannter Referent (war es der spätere christkatholische Basler Pfarrer Watterich?) über «das Treiben des ultramontanen Klerus in der gegenwärtigen kirchlichen Bewegung. Wie haben sich die freisinnigen Katholiken demselben gegenüber zu benehmen?» Vermutlich war es dieser Anlass im grossen Saal zu Safran, wo der zwanzigjährige Ernst Feigenwinter so mannhaft das Wort ergriff und von den aufgebrachten Zuhörern aus dem Saal gestossen wurde – so berichten Otto Walter, Leo Hänggi und andere. Die Zeitungen erwähnen den Anlass nicht, denn zwei Tage später wurde er vom viel berühmteren «Tag von Arlesheim» überschattet, wo sich Feigenwinter übrigens wiederum als Störenfried profilierte. Es entbehrt deshalb nicht jeder Grundlage, wenn Stocker später behauptete, das BV sei «eigens zur Bekämpfung des Altkatholizismus» gegründet worden. Im Oktober 1873 konstituierte sich der Verein als freie altkatholische Gemeinde[56].

Im Dezember berichtete das BV über einen christkatholischen Gottesdienst, in welchem dem Grundsatz nachgelebt werde, «dass fortan kein Beichtzwang statthabe. Eine Bussandacht mit gemeinsamer Gewissenserforschung !! und gemeinsamer Lossprechung !! bildete darum den ersten Teil. Daran schloss sich die einfache, von deutschen Liedern begleitete Opferfeier». (Was hier mit Ausrufezeichen markiert wurde, ist heute in der römisch-katholischen Kirche der Schweiz selbstverständlich.)

An der Schärfe der Angriffe gemessen, schienen die Befürchtungen der Römisch-Katholischen vor einer Konkurrenz durch die neue Kirche doch recht gross. Deshalb interessiert hier die Frage nach der Zahlenstärke der Altkatholiken. Für 1873 werden 330 Männer angegeben, mit ihren Familienangehörigen 1200 Seelen. 1876 umfasste der Verein freisinniger Katholiken 520 Männer und 50 Frauen. 1877 zählte Pfarrer Watterich 546 Namen, 1895 wird die Zahl der Stimmberechtigten mit 572 angegeben[57]. Nach 1880 scheint also die Zahl der Gemeindeangehörigen konstant geblieben zu sein, vielleicht 2000–3000.

Die Regierung stellte 1874 den Altkatholiken die Martinskirche zur Verfügung, und 1877 konnte die renovierte Predigerkirche bezogen werden. Dort hat die Gemeinde heute immer noch ihr Zentrum. Politisch besass sie in der Person von Regierungsrat Philippi, einem Vorsteher der Gemeinde, Mitglied der Radikalen, einen Fürsprecher. Weitere Unterstützung bekamen die Altkatholiken durch die Redaktoren Stocker (BN) und Klein (SVF).

9. Wilhelm Klein (1825–1887)

In besonderem Masse Zielscheibe der Angriffe des BV wurde Wilhelm Klein, der Führer der Basler Radikalen[58]. Klein, in Basel geboren und aufgewachsen, wurde Student der Mathematik. Er war 1847 Teilnehmer am Sonderbundskrieg. Er wurde später Lehrer, als 25jähriger Grossrat, 1861 Redaktor des SVF und 1863 Nationalrat. Für ihn als Radikalen mit Leib und Seele war der Ultramontanismus Hauptfeind des neuen Bundesstaates. «Für Klein blieb er es sein Leben lang. Als später Syllabus und Unfehlbarkeitserklärung dem modernen Staatsdenken entgegengestellt wurden, war das für Klein und viele seiner Gesinnungsfreunde nur eine weitere Bestätigung des schon immer Ausgesprochenen. Noch 1881 mahnte er darum in einer Rede, der Kulturkampf dürfe nicht aufgegeben werden.»[59] Die Spitze des Ultramontanismus waren für ihn aber die Jesuiten.

«Die Jesuiten hatten sich in aller Stille der Priesterbildung bemächtigt und ein freches, unduldsames, unsittliches, verlogenes und heuchlerisches Pfaffengeschlecht gepflanzt.» In diesem Geiste äusserte sich Klein 1873 in einer Artikelserie «Die Motion Butz»[60], welche seine Vorstellungen und Gedanken klar wiedergibt. Scharf wurden die Kirche, «dieses neugeschminkte und modern frisierte Stück Mittelalter», und der Papst, «der kindische Greis», angegriffen. Es folgten Attacken auf die Basler Katholiken. Basel sei bereits der Mittelpunkt und das Hauptquartier aller Ultramontanen auf zehn Stunden in der Umgebung, und, so fragt er rhetorisch, «wo aber wird Basel in einem Menschenalter stehen, wenn es die Ultramontanen in der katholischen Kirche und in einer besonderen Schule unumschränkt walten lässt?» Von ihm stammt vermutlich auch die schmeichelhafte Einschätzung von Pfarrer Jurt: «Der Mann im Hatstätterhof ist der mächtigste Mann von Basel; wenn der nur seine Stimme erhebt, so stehen zwanzigtausend Bewohner Basels hinter ihm.»[60a]

Klein, für den der unabhängige Staat das Mass aller Dinge war, forderte eine interkonfessionelle Kirchenordnung. Alle Kirchen sollten dem Staat gegenüber gleichgestellt werden. Der Staat sorge für die Bedürfnisse der Kirchen, die Priester würden Staatsdiener, vom Staate angestellt, entlassen und bezahlt und «haben sich wie die protestantischen Geistlichen an eine vom Staat zu erlassene Amtsordnung zu halten». Auch sei die katholische Schule keine Privatschule mehr, da sie bereits 11,5% (=757) aller Schülerinnen und Schüler umfasse und von intolerantem Geist getragen sei. Diese Waffe dem Gegner aus der Hand zu schlagen, sei «Pflicht der Selbsterhaltung».

Diese Artikel führten zu einer scharfen Erwiderung im BV vom 1. November 1873 mit dem bei Voltaire entliehenen Titel «Ecrasez l'Infame» («Zerschmettert die Abscheuliche» =Kirche). «Wir haben Sie längst verstanden, Herr Redaktor und Nationalrat, und danken Ihnen für die Offenheit.»

Die Angriffe Kleins werden bestimmt, aber nicht ohne Ironie zurückgewiesen. Die Erwiderung schliesst mit der Frage: «Herr Redaktor! Was verstehen Sie denn aber schliesslich unter Staat? Nicht wahr, nur sich selbst und Ihre zermalmende Partei, und dieser Ihr Staat will nicht herrschen, er will nur, was er nicht dienstbar machen kann, écraser!!!»

Klein war es auch, der schon 1867 eine Revision der Kantonsverfassung in Richtung auf eine radikale Demokratie anregte. Jedoch erst nach Annahme der Bundesverfassung durch das Schweizervolk (am 19. April 1874) hatten diese Bestrebungen auf kantonalem Boden Erfolg. Dank Bevölkerungszunahme und Einbürgerungen wurde am 9. Mai 1875 die neue Kantonsverfassung angenommen und damit die politischen Hauptpostulate des Radikalismus verwirklicht. Klein war massgeblich daran beteiligt. In dieser Verfassung wurden die Evangelisch-Reformierte Kirche und die Christkatholische Kirche zu vom Staat unterstützten und beaufsichtigten «Landeskirchen». In der Folge konstituierte sich die Römisch-Katholische Gemeinde als Verein. Pfarrer Jurt wollte keinerlei staatliche Einmischung. Doch empfanden die Römisch-Katholiken diese Entwicklung als Zurücksetzung, welche später dazu beitrug, den Mythos vom Katakombendasein und von der Leidenszeit aufzubauen.

Schon im Juni 1875 wurde Klein zum Regierungsrat gewählt und Erziehungsdirektor. Er nahm sogleich die Schaffung eines neuen Schulgesetzes in Angriff. Neben der Unentgeltlichkeit erstrebte Klein einen gemeinsamen Unterricht von acht Schuljahren. Doch noch vor der Verwirklichung dieser Ideen erlitten die Radikalen 1878 eine Wahlschlappe. Es begann das sogenannte «Zwischenspiel» (bis 1881).

Die Katholiken konnten ihre Schadenfreude nur schlecht verbergen. «Letzten Samstag bewegte sich hier ein ‹das dankbare Volk Basels repräsentierender›, u.a. aus einigen hundert fackelschwingenden Packträgern, deutschen Gesellen und Buben bestehender Zug durch die Strassen der Stadt Basel, um dem ‹verdientesten Manne›, Herrn Exregierungsrat Klein, …den Dank der Republik Basel abzustatten und um ihm die pechberäucherten Gesichter und petroleumdampfenden Herzen zu präsentieren.»[61] «Wie muss den ‹hohen› Redner die Anwesenheit so vieler kaum der Schule entlassenen Bürschchen …gefreut und zu unentwegtem Losziehen gegen ‹Herrschsucht, Aristokratie und Kapital, Pietismus, Ultramontanismus… und Jesuiten› begeistert haben.» Und so weiter.

Doch die Freude des BV war nur von kurzer Dauer. 1881 wurde Klein von neuem Regierungsrat und blieb es bis zu seinem Tod, 1887. Er sollte den Katholiken noch viel Ungemach bereiten, besonders durch die Aufhebung der katholischen Schule.

10. Der Katholikenverein 1874–1883

Über das Jahr 1874 gibt es von der Tätigkeit des KV wenig zu berichten, da das Protokollbuch beträchtliche Lücken aufweist. Auf die Präsidenten Dr. A. Siegrist und J. Thierry-Roux (1839–1926, Vorsteher der RKG und Mitbegründer des BV) folgte 1875 *Peter Leuthardt* (bis 1878). Während eines Jahres war darauf der Fabrikdirektor *Rudolf Ternetz* Präsident, doch schon 1879 übernahm Leuthardt wieder das Präsidium (bis 1884).

1873 und offenbar schon vorher hatte sich der KV für die Grossratswahlen den Konservativen angeschlossen. Darüber berichtete der SVF am 15. März 1873: «Möglich, dass sich auch dieses Jahr wieder ein Komitee der päpstlichen Unfehlbaren auftut. Ohnmächtig für sich allein und nirgends einen Alliierten findend, werden sie sich willenlos der Gruppe der protestantischen Unfehlbaren anschliessen und deren Niederlage teilen.»

1875 ging das «Ratsherrenregiment» zu Ende, verloren die Zünfte ihre politische Bedeutung, wurden Grosser Rat und Regierungsrat nach neuer Formel gewählt (der Regierungsrat bis 1889 noch durch den Grossen Rat). Der KV beteiligte sich mit Vor-

Der Hatstätterhof am Lindenberg war das Pfarrhaus von St. Clara. Ernst Feigenwinter wurde unterstellt, er sei «Knecht des Hatstätterhofes, der im Pfarrhof seine Instruktionen hole».

schlägen an den Wahlen. Vorgeschlagen wurden aber ausschliesslich Konservative, welche gegenüber den Katholiken eine gewisse Toleranz an den Tag legten. Eigene Leute wurden keine vorgeschlagen; ein entsprechender Antrag von Präsident Ternetz wurde auf Antrag der Kommission abgeblockt. Die Katholiken wollten keine eigenen Vertreter im neuen Grossen Rat. Über die Gründe kann man nur rätseln. Berührungsängste? Mangelndes Selbstvertrauen? Strikte Abschottung gegen den protestantischen und radikalen Stadtstaat? Wie dem auch sei, man fühlte sich als bedrängte Minderheit. Thierry rief an der Jahresversammlung jedenfalls zum Zusammenhalten auf «bei der gegenwärtigen Verfolgung unserer hl. Religion»[62]. Bezeichnenderweise referierte Oberlehrer Nonnenmacher über Irland, wie später Abbé Joye. Die Iren befanden sich anscheinend in einer parallelen Situation wie die Basler Katholiken, mit ihnen konnte man sich identifizieren[63].

Im gleichen Herbst 1875 fanden die Nationalratswahlen statt. Präsident Leuthardt wandte sich nachdrücklich gegen W. Klein, dem «kein rechter Katholik, nach einem

Artikel im Volksfreunde, …die Stimme geben dürfe». In diesem Artikel[64] griff Klein in gewohnter Manier die Ultramontanen an und nannte sie «vaterlandslose Clique», «römische Maulwürfe» und «elende Lügenbrut». Nationale Mission heisse «Freiheit von römischer Knechtschaft». Der neue Bundesstaat brauche Männer, «die entschiedene Feinde des Ultramontanismus sind».

Im neuen Jahr beschäftigte sich der KV mit der Besprechung der Statuten der RKG und den Vorsteherwahlen, was die enge Verbindung der beiden Körperschaften bestätigt. Auch bei den Vorbereitungen zu einer «Pius-Feier» im Juni 1876 – Pius IX. war dreissig Jahre Papst – sowie einer derartigen Feier ein Jahr später – Pius feierte nun sein 50jähriges Bischofsjubiläum – war der KV massgeblich beteiligt. Die Feier dieser und anderer Jubiläen der kirchlichen Hierarchie wurde damals gross geschrieben. Nach Altermatt[65] war der Triumphalismus des Papstkultes «Ausdruck der katholischen Defensive und Renaissance zugleich». «In einem gewissen Sinne war der Papst in Rom – nach dem Verlust des Kirchenstaates oft als Gefangener in Rom bezeichnet – eine Art Symbolgestalt für die Diasporasituation des Katholizismus in der modernen Gesellschaft.»

Diese Feiern fanden, mit Reden im Mittelpunkt, umrahmt von Gesangs- und Musikvorträgen, meist in der Burgvogtei statt. Jene von 1876 hatte 1300 Teilnehmer!

Heftig wehrte man sich gegen die falsche Bezeichnung «Katholische Landeskirche». Damit war nämlich die altkatholische Gemeinde gemeint, und man fand es empörend, dass Neuankömmlinge offenbar gefragt wurden, ob sie der Kath. Landeskirche angehören wollten, was die Neulinge nichtsahnend bejahten. Der KV verfasste nun eine entsprechende Erklärung und sandte sie an Zeitungen des In- und Auslandes.

1878 fanden wieder kantonale Wahlen statt. Der Wahlvorschlag des KV enthielt weitgehend Namen von konservativen oder gemässigten Männern, von denen aber keiner katholisch war. Im BV vom 27. April 1878 wurde dieser Vorschlag folgendermassen begründet: «Der KV hat in seiner Versammlung vom 16. April nach eingehender, gründlicher Erörterung einstimmig beschlossen, für die bevorstehenden Grossratswahlen keine eigenen katholischen Kandidaten aufzustellen, desto entschiedener aber für solche Männer einzustehen, deren Ehrenhaftigkeit Bürgschaft leistet, dass sie ohne Parteileidenschaft allseits nur das allgemeine Wohl im Auge behalten, und deren Gerechtigkeitssinn erwarten lässt, dass sie niemals eine den Interessen unserer katholischen Gemeinde entschieden gegnerische Stellung einnehmen werden.» Überraschenderweise erlitten die Radikalen eine Niederlage, Klein wurde abgewählt, das konservative «Zwischenspiel» begann.

Im Jahre 1879 kam es zu einem Presseprozess gegen das BV. Anlass dazu waren Angriffe gegen die Altkatholiken, wie sie im BV beinahe täglich vorkamen. «In der altkatholischen Kirche werden nun jeden Sonntag Konzerte gegeben. Jedenfalls ist das das Vernünftigste, was die Herren Altkatholiken in der Kirche tun können», hiess es im BV vom 29. November 1879. Kurz darauf war die Rede vom «alkoholischen» (statt altkatholischen) Pfarrer, und Bischof Herzog wurde «Schauspieler» genannt. Das führte zur Verurteilung Peter Leuthardts und eines Journalisten.

Im folgenden Jahr richtete die RKG ein Gesuch an den Regierungsrat um Überlassung der Barfüsserkirche. Tatsächlich war die Gemeinde unaufhaltsam angewachsen. Sie zählte etwa 15 000 Mitglieder. Allein die katholische Schule besuchten rund 1000 Schülerinnen und Schüler[66]. «Unsere einzige Kirche füllt sich jeden Sonntag fünf- bis sechsmal, und obschon dicht gedrängt, findet die Menge doch keinen Platz. In der Mitte der Stadt steht eine Kirche, leer und verwüstet; wir richten die höfliche Bitte an die hohe Regierung, uns diese Kirche gegen einen mässigen Mietzins zu überlassen, werden aber schnöde, ja sozusagen barsch und schroff abgewiesen.»[67] Man dachte schon an die Gründung eines Kirchenbauvereins. Aber soweit war es noch nicht. Eine Petition betreffend Überlassung der Barfüsserkirche von Ende 1880 wurde am 19. März 1881 vom Grossen Rat an die Regierung überwiesen. Doch es standen wiederum Wahlen vor der Tür, und die Radikalen nutzten die Chance, gegen die Katholiken und die ihnen offenbar wohlgesinnten Konservativen Stimmung zu machen, weidlich aus. Entsprechend gross waren die Befürchtungen im KV. Wiederum verzichtete er auf die Aufstellung eigener Kandidaten. «Es steht vieles für uns auf dem Spiele! Ein Sieg der radikalen Partei würde Aufhebung des Beschlusses betreffend die Barfüsserkirche, würde Beseitigung der konservativen Regierung bedeuten. Die Folge davon wäre ein einseitiges, radikales Parteiregiment statt einer wohlwollenden, gerechten Regierung; wäre konfessioneller Zank und Unterdrückung unserer Gemeinde.» «Die Schlacht ist aus!» kommentierte das BV den Wahlausgang[68]. «Geschlagen sind die Konservativen auf der ganzen Linie.» Eine grosse Rolle habe dabei die Barfüsserkirche gespielt: «…das konfessionelle Gespenst wurde heraufbeschworen, und wir haben die volle Überzeugung, dass viele von solchen, welche bei protestantischen Kirchenwahlen mit den Orthodoxen gingen, dieses Mal mit den Radikalen stimmten, nur um das Andenken ihrer Väter nicht zu verunglimpfen…». In der Stadt lebten etwa 1200 stimmberechtigte Katholiken, von denen etwa ein Drittel radikal seien. Die übrigen 800 hätten ihre Pflicht getan – aber bei der grossen Wahlbeteiligung von etwa 80% hätten sie eben keine grosse Rolle gespielt.

Der neue Grosse Rat verweigerte in der Folge den Katholiken die Barfüsserkirche; diese wäre um ein Haar abgerissen worden, um einem Schulhaus Platz zu machen…

Trotz dieser Enttäuschung dachte man aber noch nicht daran, den KV als politischen Kern zu benutzen. Weiterhin hängte man sich an die Konservativen. «Ein überzeugungstreuer Katholik ist von Hause aus konservativ… Liberale oder radikale Katholiken sind Abnormitäten, krankhafte Auswüchse am gesunden Baum der katholischen Kirche.»[69] Und das dringend notwendige Gotteshaus? Sein Bau wurde nicht etwa als Reaktion auf die Aufhebung der katholischen Schule beschlossen, sondern schon im Frühjahr 1882, und zwar von der Vorsteherschaft der RKG, was im KV begeisterte Zustimmung fand[70]. Grundstock für diesen Kirchenbau bildete ein Legat von 40 000 Franken von Emilie Linder[71]. Allerdings billigten nicht alle Katholiken den Kurs der RKG und des KV gegenüber dem Staat, einen Kurs, den Pfarrer Jurt, wenn man Gregor Stächelin glauben will[72], in einer Predigt einmal so formuliert hat: «Wir wollen Knechte bleiben und dienen und froh sein, wenn man uns in Ruhe lässt.» Stächelin erzählt in sei-

Programm der Leofeier von 1893. Laut diesem Programm wäre der Katholikenverein schon 1868 gegründet worden.

nem Lebensbericht weiter: «Dieser Standpunkt passte nun allerdings den jüngeren, unternehmenderen Gemeindegliedern nicht; diese glaubten, man müsse wenigstens einen Ausgleich mit dem Staat anstreben... Zum Zwecke der Anstrebung einer solchen Vereinbarung gründete sich nun unter den unternehmenderen Katholiken der Verein ‹Roma›, dem auch ich beitrat... Die Bestrebungen der ‹Roma› wurden... von einer Anzahl einflussreicher Katholiken als religionsfeindlich hingestellt. Aus diesen Gründen konnte der Verein keine erfolgreiche Wirksamkeit entfalten.» Über die Ziele von ‹Roma› gibt der SVF vom 30. Mai 1883 Auskunft: Schon 1882 habe das Defizit der RKG 36 000 Franken betragen, und nun habe man einen zu teuren Bauplatz für die neue Kirche erworben. Der Pfarrer verfüge autokratisch über die Finanzen. Als Gegenmittel sehe ‹Roma› eine Verständigung mit dem Staat, aber «von dem Staate wolle er (Jurt, M.) nun einmal nichts wissen, lieber als von demselben eine Kirche anzunehmen, wolle er selber eine solche bauen».

Die Gefahr einer Spaltung innerhalb der RKG lag schon 1882 in der Luft. In der Monatsversammlung des KV warnte Pfarrer Jurt vor einer gewissen «organisationslustigen Bewegung»[73]. Aber die offizielle Stellungnahme des KV erfolgte erst als Antwort auf den Artikel im SVF; nach einem Referat von Ernst Feigenwinter an der Jahresversammlung 1883 (am 31. Mai, einen Tag später) wurde eine Resolution beschlossen, in welcher vor den Bestrebungen des Vereins ‹Roma› gewarnt wurde, die die Gemeinde beunruhigen, den Frieden gefährden und zu unkatholischen Manifestationen Veranlassung bieten könnten. Bald darauf scheint ‹Roma› wieder verschwunden zu sein.

Es war übrigens nicht das erstemal, dass Feigenwinter als Votant oder Referent im KV auftauchte. Zum erstenmal sprach er vermutlich am 19. Oktober 1880, und zwar über die Bundesrevision. Auf sein Referat hin trat der KV im September 1881 der Konservativen Union, einem katholischen Pendant zum reformierten konservativen Eidgenössischen Verein, bei[74].

Unterdessen hatte sich eine weitere Bedrohung der RKG abgezeichnet. Vielen Radikalen passte nämlich die Einrichtung einer katholischen Schule überhaupt nicht ins ideologische Konzept. Das zeigte sich schon anlässlich der eidgenössischen Abstimmung über den ‹Schulvogt›, eine Gesetzesvorlage, welche das BV als speziell gegen die Schule am Lindenberg gerichtet interpretierte. Tatsächlich drohte Regierungsrat Klein in seiner Rede an der St. Jakobsfeier 1882, man werde der katholischen Schule ein Ende machen, auch wenn das eidgenössische Projekt verworfen werden sollte[74a]. Es wurde in der Tat bachab geschickt. «Der Sieg ist unser!» verkündete das BV am 28. November 1882.

11. Die Aufhebung der katholischen Schule 1884

«Sturm in Sicht» titelte das BV schon am 26. September 1882, nach einem Antrag im Erziehungsrat betreffend die Aufhebung der Katholischen Schule. «Die ganze katholische Gemeinde… wird ein Gefühl bitterer Schmerzes durchzucken, wenn diese Nachricht bekannt wird… Die Kriegserklärung gegen die katholische Schule ist da!» Bis dato sei der Kulturkampf in Basel fast unbemerkt vorübergegangen. Das könnte sich jetzt bald ändern, und wenn der Angriff des Bundes auch siegreich abgeschlagen werde, so könne der Kampf auf kantonalem Boden um so heftiger werden. Allerdings rechne man mit der Toleranz der Basler Bevölkerung.

Warum gerade eine katholische Privatschule Ziel der radikalen Angriffe sein sollte, wurde – im Zusammenhang mit dem drohenden ‹Schulvogt› – den Lesern des BV schon am 15. Juli 1882 erläutert: Die radikale Schule sei mit einer Mühle zu vergleichen, «in welche die Kinder als christlicher Kern eingelassen werden, um als radikaler, atheistischer Brei daraus zu kommen».

Es ist hier nicht der Ort, die Vorgänge um die Aufhebung der katholischen Schule in allen Einzelheiten zu schildern. Dies hat bereits Alois Kocher in seinem Aufsatz «Die katholische Schule zu Basel von den Anfängen bis zur Aufhebung 1884»[75] getan. Auch bei Leo Hänggi ist der Kampf um die katholische Schule, wenn auch nicht immer detailgetreu, aufgezeichnet.

Die katholische Schule war zweifellos nicht nur den Radikalen, sondern auch vielen nicht streng konservativen Protestanten ein Dorn im Auge, obwohl sie dem Staat viele Ausgaben ersparte. Sie zählte 1882 736 Schüler und 756 Schülerinnen (1880 noch 675 Knaben und 610 Mädchen), von denen etwa die Hälfte aus dem Ausland, meist wohl aus Baden, stammten[76]. Die Schule, die in den Gebäuden am Lindenberg und an der Hammerstrasse untergebracht war, war Pfarrer Jurt unterstellt, der sich ganz mit ihr identifizierte. Den Unterricht erteilten Schulbrüder der Societas Mariae (Marianisten) aus dem Elsass und Schwestern de la Providence aus Portieux/Vogesen, die späteren «Lindenbergschwestern». Ihre Ausbildung war auf Französisch erfolgt, und nicht alle beherrschten das Deutsche einwandfrei[77]. Die unbemittelte katholische Gemeinde vermochte nämlich keine Laienlehrer und -lehrerinnen zu bezahlen. Und genau hier war das Brecheisen, mit dessen Hilfe die katholische Schule aus dem staatlichen Gebäude entfernt werden sollte. Zwar genehmigte der Regierungsrat scheinbar ein Gesuch der RKG um Anerkennung der Schule, verlangte aber Lehrer mit staatlichem Fähigkeitsausweis. Tatsächlich wies die Schule Mängel auf: Die hygienischen Verhältnisse liessen zu wünschen übrig, die Klassen waren zu gross, die Lehrmethoden oft veraltet. So äusserte sich eine ehemalige Schülerin in den BN vom 15. Februar 1884, der Unterricht sei oberflächlich und bestehe aus viel Auswendiglernen, die Strafen seien erniedrigend, z.B. «mit ausgespannten Armen am Boden knieend beten», die Schwestern seien parteiisch, die Schülerinnen würden «nach Ansehen der Eltern» behandelt; einzig der Französischunterricht kam gut weg.

Gegen den Regierungsratsentscheid rekurrierte die RKG an den Grossen Rat. Dessen Petitionskommission sprach sich über die Schule günstig aus. Doch die viertägige (!) Debatte im Grossen Rat ergab ein anderes Resultat. Mit 66 gegen 50 Stimmen wurde der Minderheitsantrag der Petitionskommission, es seien den Mitgliedern geistlicher Orden und Kongregationen die Leitung und Tätigkeit an hiesigen Schulen zu untersagen, angenommen. Für das Verbot sprach sich namentlich auch der Vorsteher des Erziehungsdepartements, Regierungspräsident J.J. Burckhardt aus, den sein Kollege Paul Speiser den «Hauptkulturkämpfer» in Basel nennt und folgendermassen beurteilt: J.J. Burckhardt «war ein radikaler Doktrinär von grösster Rücksichtslosigkeit ohne jede Originalität und darum auch ohne Sinn für die Ansichten und Überzeugungen anderer, dabei schrecklich eigensinnig»[78]. Die ganze Debatte wurde im BV vom 31. Januar bis 9. Februar 1884 ausführlich wiedergegeben.

Das letzte Wort in dieser wichtigen Frage sollte aber das Volk haben. Der Grossratsbeschluss wurde dem obligatorischen Referendum unterstellt und die Abstimmung auf den 24. Februar 1884 festgesetzt.

Bis zu diesem Datum erschienen in den Tageszeitungen viele Artikel und Einsendungen, die für (BV, ASZ) und gegen (BN, SVF) die Schule Stellung bezogen und dabei in ihrer Ausdrucksweise nicht gerade wählerisch waren. So brachte der SVF in Fettdruck einen Aufruf: «…verlangen wir, dass die römisch-katholische Schule frei werde von pfäffischem Einfluss, und dass die unversöhnliche Papstpolitik, welche das Basler Volk vor Jahrhunderten mit schweren Opfern glücklich den Bach ab geschickt, nicht durch eine Hintertür wieder in unsere Stadt einschleiche zur Knechtung der Gewissen und zur Störung des konfessionellen Friedens»[79]. Noch schärfer und demagogischer drückte sich ein Redner an der Volksversammlung der Radikalen aus: «Wenn am nächsten Sonntag die Schwarzröcke siegen, dann, stolzes Basel, übergib die Schlüssel der Stadt dem Statthalter Petri und küsse seinen Pantoffel!»[80]

In der Volksabstimmung, bei einer Beteiligung von über 80%, bestätigten die Bürger das Verdikt des Grossen Rates mit 4479 Ja gegen 2910 Nein – immerhin etwa 2000 Protestanten stimmten für die Beibehaltung der Schule.

In seinem Abstimmungskommentar dankte ihnen der damalige Redaktor des BV und Vorkämpfer der Basler Katholiken, Ernst Feigenwinter, für ihren Sinn für Recht und Gerechtigkeit und entwarf kühne Zukunftspläne: «…wer weiss, ob nicht auf dem gestrigen Schlachtfelde das Samenkorn für eine grosse schweizerische, aus konservativen Protestanten und Katholiken zusammengesetzte Volkspartei gelegt wurde»[81].

Ein Rekurs beim Bundesrat wurde abgelehnt, und am 23. September erschien das BV mit dickem, schwarzem Trauerrand und dem Titel «Am Grabe der katholischen Schule». Er galt dem Abschied von der Lehrerschaft.

Was waren die Folgen dieser «letzten der grossen Kulturkampfdebatten in der Schweiz»[82]? Auf jeden Fall nicht der Beschluss, eine neue Kirche zu bauen (wie Hänggi, S. 27, meint) – dieser Beschluss war schon längst gefasst worden. Am 9. Februar wurde lediglich die Bauausschreibung publiziert. Hingegen wurden jetzt beträchtliche finanzielle Mittel frei, die zum Bau der notwendigen Kirchen eingesetzt werden konnten.

Ferner erkannten nun die Katholiken, dass die Epoche des unbedingten Vertrauens auf die konservativen Kräfte Basels endgültig vorüber war. Allerdings war die Zeit für eine eigene Vertretung im Grossen Rat noch längst nicht reif. Dazu brauchte es, wie das BV schon am 13. März 1883 bemerkt hatte, eine Wahlreform. Das Zauberwort hiess «Proporz». Es sollte aber noch über zwanzig Jahre dauern, bis sich diese Bestrebungen durchsetzen konnten.

Als wichtigste Folge aber sehen wir die durch die Abstimmungsniederlage erzwungene Assimilation: Katholische Schüler und Schülerinnen bekamen nun Gelegenheit, ihre andersgläubigen, gleichaltrigen Mitschüler aus der Nähe kennen und verstehen zu lernen. Sie mussten mit ihnen nicht nur lernen, sondern auch leben – eine wichtige Voraussetzung zur Toleranz. Insofern bildete der Entscheid vom 24. Februar 1884 einen bedeutenden Markstein auf dem Weg zur Integration der Katholiken. Anderseits sahen auch die Protestanten ihre katholischen Mitchristen mit der Zeit anders als durch die durch den Kulturkampf gefärbte Brille. Auf jeden Fall bestätigten sich die katholischerseits gehegten Befürchtungen nicht, die Kinder würden zu einem «radikalen, atheistischen Brei» zermahlen. Zwar wurden viele Katholiken Parteigänger der Radikalen oder der Sozialisten – wie schon vor der Aufhebung der katholischen Schule –, andere wiederum blieben aber nicht nur konfessionell, sondern auch parteipolitisch katholisch.

Exkurs: Ernst Feigenwinter und das «Schwarze Kleeblatt»

Ernst Feigenwinter (1853–1919)
Im heissen Kampf um die Erhaltung der katholischen Schule trat als Redaktor des BV ein Mann in den Vordergrund, der bald auch die Geschichte des KV bis nach dem Ersten Weltkrieg prägen sollte: Ernst Feigenwinter. Es ist hier weder Raum noch Aufgabe, den Lebenslauf dieser überragenden Persönlichkeit in allen ihren Ausfächerungen nachzuzeichnen. Leider fehlt bis jetzt eine wissenschaftlichen Kriterien standhaltende Biographie dieses Mannes, der auch auf eidgenössischer Ebene eine nicht unbedeutende Rolle gespielt hat. Eine Lizentiatsarbeit von 1979[83] kommt nicht über die Anfänge des Politikers hinaus, und das Buch von Otto Walter, erschienen 1944[84], malt ein glorifizierendes, aber unvollständiges und unkritisches Lebensbild. Die beste Grundlage, an die wir uns hier im wesentlichen halten, ist der Nachruf des Freundes Josef Beck in den «Monat-Rosen»[85].

Ernst Feigenwinter wurde am 16. März 1853 in Reinach (BL) als jüngster Sohn des Ehepaars Niklaus und Elisabeth Feigenwinter-Kury geboren. Ernst hatte fünf ältere Brüder. Sechs Schwestern und ein Bruder waren schon kurz nach der Geburt oder im frühesten Kindesalter gestorben[86]. Der Vater war Landwirt, Gemeindepräsident und Friedensrichter. Nach der Gemeindeschule Reinach und der Bezirksschule Therwil besuchte der Knabe das Humanistische Gymnasium (Pädagogium) in Basel, wo u.a. Friedrich Speiser, der Bruder Paul Speisers und spätere Konvertit, sein Mitschüler war. Unter seinen Lehrern befanden sich auch Jacob Burckhardt und Friedrich Nietzsche. In den Sommer 1872 fällt wohl jene von Otto Walter geschilderte Episode, wonach Ernst Feigenwinter die Ideen von Sokrates gegen die von Nietzsche favorisierte Philosophie des Protagoras verteidigte. Jedenfalls behandelte Nietzsche zu jenem Zeitpunkt Protagoras und machte die Schüler «mit der Entwicklung der Philosophie vertraut»[86a]. «Überall recht gut; im Rang der 4.», war damals die Beurteilung des Schülers durch die Lehrer[87].

Nach der Matur ergriff Feigenwinter das Studium der Rechte in Basel, ferner in Strassburg – hier lernte er Caspar Decurtins kennen – und Berlin, wo er im Reichstag die grossen Kulturkampfdebatten verfolgte. Deutlich bemerkt man später Feigenwinters Orientierung an der deutschen (katholischen) Zentrumspartei: Ausführlich werden z.B. im BV Reichstagsdebatten zitiert, in denen der Zentrumsführer Ludwig Windthorst sich als Redner beteiligte[88].

In Basel erwarb sich Feigenwinter seinen Doktorhut im Jahre 1878. Nach Aufenthalten in Genf und Paris eröffnete er im Dezember 1879 eine Anwaltspraxis an der Elisabethenstrasse 36, später am Klosterberg. Diese Praxis verlegte er 1893 an den Oberen Heuberg 12[89]. Als Anwalt setzte sich Feigenwinter mit Eifer und Nachdruck für arm und reich ein, denn Recht und Gerechtigkeit gingen ihm über alles. Bekannt in der ganzen

Schweiz wurde er als Verteidiger von Ulrich Dürrenmatt, dem damals weitberühmten Redaktor der «Berner Volkszeitung», der «Buchsi-Zitig», in einem Ehrbeleidigungsprozess im Anschluss an die Tessiner Wirren von 1890. Daher wohl ist es zu erklären, dass im BV hie und da scharfzüngig-witzige Verse Dürrenmatts auftauchen[90]. 1880 verheiratete sich Ernst Feigenwinter mit Bertha von Blarer aus Aesch. Sie schenkte ihm zwei Töchter und den Sohn Ernst, der wegen eines Unfalls behindert war und schon 1915 starb. Die Tochter Elisabeth wurde Oberin des Katharinaheims an der Holeestrasse, ihre Schwester Maria verehelichte sich mit Henri von Roten aus Raron; ihr Sohn war Peter von Roten, der später am Heuberg 12 seine Anwaltspraxis eröffnete und dessen Frau Iris mit dem Buch «Frauen im Laufgitter» bekannt wurde.

Nach dem frühen Tod seiner Frau (1904) heiratete Feigenwinter die Schriftstellerin Hedwig Kym[91].

Feigenwinters Persönlichkeit charakterisiert Beck folgendermassen: Sie «war gekennzeichnet durch die harmonische Verbindung von Charakterelementen, die unvereinbar scheinen. Frisches Bauernblut pulste durch seine Adern – und doch war über seine ragende Gestalt der Hauch geistiger Feinheit gegossen. Demokrat bis ins Mark – war er Geistesaristokrat höchster Stufe. Körperlich und geistig ein Recke, kühn und allezeit kampfgerüstet, ja, wenns pressierte, ein Orlando Furioso, der mit Felsstücken um sich hieb – war er hinwieder die Güte selber, die unversiegliche Freigebigkeit und hochherzige Milde. Er konnte hassen, glühend und unerbittlich, nicht die Personen, sondern ihre falschen Grundsätze; den Menschen aber, auch den wütigsten Feinden, hat er verziehen – ganz und vollkommen, ohne dass eine Regung des Grolles zurückblieb. Er besass eine reiche, universale Geistesbildung mit starkem schönwissenschaftlichem Einschlag, und in seinem Verstande lebte das ‹alte strenge Jus› – aber von gelehrter Pose, von schulmeisterlicher Selbstgefälligkeit keine Spur. Seine unzähligen Volksreden waren populär im vollen Wortsinne, einleuchtend und fasslich auch für den Strassenkehrer und für das alte Mütterchen. Dazu der goldene Humor und treffende Witz, oft derb und urwüchsig – nie gemein – eine Zote hat nie einer aus seinem Munde gehört. Feigenwinters Unterhaltung war nie banal und geistlos. Im gemütlichen Freundeskreise, auf der Studentenkneipe, beim Stelldichein in der Klus, da wetterleuchtete sein Humor, da sprühte sein Witz, da war es ein Hochgenuss, ihn über politische, wirtschaftliche, rechtswissenschaftliche Fragen, über neuerschienene Bücher oder über bedeutende Tagesereignisse sprechen zu hören.»[92]

Über Feigenwinter als Redner wird berichtet (es war am Katholikentag in Düsseldorf): «Seine kräftige Stimme kam ihm dieses Mal zustatten. Er war, wie versichert wurde, der einzige Redner, der von der wohl 20 000 Köpfe zählenden Versammlung bis auf den hintersten Mann verstanden wurde.»[93]

Von Feigenwinter stammen eine ganze Anzahl von Veröffentlichungen. Einige davon seien hier aufgeführt:

1903 Das Armenrecht in der Schweiz
1909 Die Stellung der Katholiken Basels zur Kirchenfrage
1912 Die Behandlung der ausländischen Arbeiter im Versicherungsrecht
1915 Über den gegenwärtigen Stand der Kranken- und Unfallversicherung in der Schweiz
1919 Klassenkampf und Klassenversöhnung

Es ist hier nicht der Ort, auf Feigenwinters leidenschaftliches Eintreten für die Rechte der Basler Katholiken, zuerst als Redaktor des BV, später als Präsident des KV und als Grossrat, einzugehen – dies wird sich wie ein roter Faden durch diese ganze Arbeit ziehen. Hingegen soll noch auf Feigenwinters Wirken als Schweizer Sozialpolitiker hingewiesen werden.

Am Sonntag, dem 21. August 1887, fand in Basel ein Diaspora-Katholikentag statt, verbunden mit einem Papst-Jubiläum: Papst Leo XIII. war fünfzig Jahre Priester. In der Klara- und der Marienkirche fanden Festgottesdienste statt. In der Festversammlung am

Nachmittag in der Burgvogtei, wo 800–900 Männer versammelt waren, sprach Feigenwinter über die Arbeiterfrage und die Gründung katholischer Arbeitervereine[94].

Zuerst beklagte er die Verdächtigungen durch die radikale und liberale Presse, denen katholische Sozialpolitiker ausgesetzt seien.

(Ernst Feigenwinter hatte nicht unrecht. Am 8. Januar 1885 hatte der SVF geschrieben, jede Arbeiterfreundlichkeit von seiten der Katholiken sei Heuchelei, «man kann nicht zugleich den Ultramontanismus verteidigen und die Interessen des sozialen Fortschritts fördern».)

«Die konservativen Protestanten im Gegenteil», fuhr Feigenwinter fort, «erblicken in den sozialen Bestrebungen eines Teils der Katholiken eine von ihnen zu begrüssende Spaltung der katholischen Partei.» Doch darauf könnten sie nicht bauen. Darauf erläuterte er den katholischen Standpunkt an drei Beispielen:
– Der Lohn der Arbeiter, der ja nur den äussersten Lebensbedarf decke, sei eindeutig zu tief. Dabei bezog er sich auf den englischen Kardinal Manning.
– In Gewerbe und Industrie sei ein Fortkommen wegen der Konkurrenz durch das Grosskapital fast aussichtslos.
– Kleinbauern könnten nicht mehr bestehen, weil die Banken zu hohen Kapitalzins verlangten.

«Staat und Kirche müssen zusammenwirken.» Es sei der Fehler der Sozialdemokratie, alles Heil vom Staat zu erwarten. Wenn sie die Macht hätten, bekäme der Staat das Monopol statt, wie jetzt, das Grosskapital. «Deshalb sei es richtig, wenn der Heilige Vater den Liberalismus als den Vater der Sozialdemokratie bezeichne.» Was diese besonders gefährlich mache, sei die ausgesprochene antikirchliche Tendenz. Würde diese auch in den neugegründeten «Arbeiterbund» hineingetragen, werde ein Zusammenwirken unmöglich.

(Der Arbeiterbund, am 10. April 1887 in Aarau von Herman Greulich, dem sozialdemokratischen Arbeiterführer, und den katholischen Sozialpolitikern Decurtins, Feigenwinter u.a. gegründet, wollte alle sozialen Richtungen zu gemeinsamem Vorgehen in Aufgaben des Arbeiterschutzes in der Schweiz vereinigen. Dazu wurde ein Arbeitersekretariat eingerichtet. Als Fernziel dachte man an eine politisch und konfessionell neutrale Massengewerkschaft. «Doch scheiterte der Plan, weil weder die Katholiken noch die Sozialisten sich wirklich neutral verhielten», schreibt Gruner dazu[95]. Übrigens verkehrte Feigenwinter mit Greulich «fast freundschaftlich in Anerkennung seiner vielen Verdienste»[96].)

Feigenwinter fuhr fort, es sei deswegen die Forderung des Tages, katholische Arbeitervereine zu gründen, und zwar unter den Auspizien des grossen Papstes Leo XIII., der in seinem Rundschreiben «Humanum Genus» vom 20. April 1884 ausdrücklich dazu aufgerufen habe. Feigenwinter wies auf die Existenz solcher Arbeitervereine in Deutschland hin und machte darauf aufmerksam, «dass eine steigende Zahl von Diasporakatholiken in sozialdemokratische Arbeiterorganisationen eintrete und sich dort der Kirche und den katholischen Organisationen entfremde»[97].

Im Anschluss an die Veranstaltung wurde ein Komitee gebildet, welches sich sogleich an die Ausarbeitung von Statuten machte.

Erst 1888 aber, wohl weil die Schweizer Bischöfe unsicher waren, ob solche Arbeitervereine nicht Sektionen des Piusvereins sein sollten, fand die Gründungsversammlung statt. Den Grundstock bildeten die bestehenden Männer- resp. Katholikenvereine; der neue Verband hiess «Verband der katholischen Männer- und Arbeitervereine» VMAV[97a]. Als Verbandsorgane wurden das BV und die «Liberté» (Fribourg) bezeichnet. Die «Magna Charta» des VMAV wurde später die am 15. Mai 1891 erschienene Enzyklika «Rerum Novarum». Der VMAV war «seinem Programm und seiner Aktivität nach weder ein kirchlicher Verein noch eine Partei, weder ein Kulturzirkel noch eine Gewerkschaftsorganisation und wies dennoch Charakterzüge von allen erwähnten Organisationen auf», meint Altermatt[98]. Typisch für den VMAV war die scharf antifreisinnige, auf Zusammenarbeit mit der Sozialdemokratie ausgerichtete Politik, gemäss dem Motto von Decurtins «Der Hunger ist weder katholisch noch protestantisch»[99]. Feigenwinter war drei Jahre lang Zentralpräsident des VMAV. 1903/04 wurde der Verband mit den christlich-sozialen Organisationen verschmolzen. Nun wurde Feigenwinter Präsident der sozialen Sektion des eben erst gegründeten Katholischen Volksvereins[100].

Feigenwinter gehörte dem Basler Grossen Rat von 1893–1902 und nochmals von 1905 bis 1919 an. Er wurde Mitglied vieler Kommissionen, so 1912 der Kommission zur Vorberatung des Gesetzes betr. Errichtung einer öffentlichen Krankenkasse. 1914 wurde er Präsident der Rekurs- und Petitionskommission. 1916 war er Beisitzer des Grossratsbüros, 1918 Statthalter des Grossen Rates. Auf dessen Präsidium verzichtete er aus gesundheitlichen Gründen.

1912 wurde er Schatzmeister der Internationalen Vereinigung für gesetzlichen Arbeiterschutz.

1917 wurde er in den Nationalrat gewählt, wo er Mitglied der ausserparlamentarischen Kommission für eine Verfassungsvorlage betr. Einführung der Alters- und Invalidenversicherung war.

Feigenwinter starb am Eröffnungstag der Herbstsession 1919, am 15. September, in Bern an einem Nierenleiden[100a].

Das «schwarze Kleeblatt»
Natürlich war der VMAV nicht allein Feigenwinters Gründung, sondern der Basler Katholikenführer arbeitete eng mit zwei anderen Männern zusammen, die im Schweizer Katholizismus um die Jahrhundertwende eine wichtige Rolle spielten, mit Josef Beck und Caspar Decurtins[101].

Josef Beck wurde 1858 in Sursee geboren. Nach Studien in Einsiedeln, Innsbruck und Löwen wurde er 1884 zum Priester geweiht. In Innsbruck promovierte er 1885 zum Doktor der Theologie. Von 1886 bis 1888 war Beck Vikar bei Pfarrer Jurt an der Clarakirche in Basel. «Schon als Gymnasiast hatte ich das BV abonniert, lernte später Feigenwinter kennen und hochachten… und hatte für die Gemeinde Basel stets eine besondere Liebe und Sympathie», schreibt Beck in seinen Erinnerungen[102]. «Dort fand ich an Pfarrer Burkart Jurt einen ganz unvergleichlichen Lehrmeister der Seelsorge… Hier bekam ich auch Sinn und Verständnis für die sozialen Zeitfragen. Bestand doch die grosse Mehrzahl der Basler Katholiken aus Arbeitern.»[103] Beck war Präses verschiedener Vereine, die er, wie damals häufig üblich, mit Etiketten aus dem militärischen Wortschatz versah. Er nannte «den Gesellenverein (in Basel, M.) die Artillerie, den Katholikenverein die Infanterie und den Jünglingsverein die Cavalerie»[104]. In seine Vikariatszeit fiel die Gründung des VMAV am Basler Diasporakatholikentag. Nach Basel wirkte Beck am Priesterseminar in Luzern. 1891 wurde er zum Professor für Pastoraltheologie an die junge Universität Freiburg i.Ü. gewählt, und zwar auf Antrag seines Freundes Decurtins. 1906/07 wurde Beck Rektor der Universität. 1934 trat er von seiner Professur zurück. Beck wurde im Alter als Reaktionär verschrieen: Er war in Opposition zum Sozialismus, dessen Antipatriotismus 1919 ihm missfiel, und Gegner des Völkerbunds, in dem er eine Organisation des internationalen Liberalismus erblickte[104a]. Er starb 1943 in Sursee. Zahlreich waren seine Arbeiten und Aufsätze zu sozialen Fragen.

Der dritte im Bunde war der Bündner *Caspar Decurtins*, der für die schweizerische Politik wahrscheinlich bedeutendste der drei. Ihn hatte Ernst Feigenwinter in seiner Strassburger Studienzeit kennengelernt. Decurtins, geboren 1855 in Truns GR, doktorierte in Geschichte 1876 in Heidelberg. Schon 1881, mit 26 Jahren, wurde er Nationalrat. Sein Verhältnis zur katholisch-konservativen Fraktion bezeichnet Fry als «eigenartig»; wegen seiner sozialen Ideen wurde Decurtins als «enfant terrible» eher scheel angesehen. Mit Feigenwinter arbeitete er daran, eine grosse grundsätzlich katholische Partei auf die Beine zu stellen. Das Problem war, wie man das konservative katholische Stammland «mit der dynamischeren und traditionsunbeschwerten Diaspora zusammenspannen» könnte. Das grosse Ziel wurde nicht erreicht. Statt einer katholischen entstand eine konservative Partei, was zu einer «Abwanderung grosser katholischer Arbeitermassen zu den Sozialisten» (Fry) führte[105]. Als Organ der «jungen Schule» sollte das BV dienen, für welches Decurtins ein Subventionskomitee ins Leben rief. Zahlreich waren die Artikel, welche er (und auch Beck) der jungen Zeitung zuhielt. Diese sollte «als Vorkämpfer echt katholischer Grundsätze den neuen Kampf mit neuen Waffen schlagen»[106]. Decurtins war es auch, der Ende 1884 seinen Freund Flurin Berther neben Feigenwinter als Redaktor ans BV brachte[106a]. Aber Decurtins schrieb nicht nur Artikel fürs BV, vor allem 1881–1892, sondern er versuchte schliesslich sogar, die Zeitung in seinen Alleinbesitz zu bringen. Das führte zu Zerwürfnissen zwischen ihm und dem Verwaltungsrat. Auch Feigenwinter sah sich «mit Recht von ihm in schändlicher Weise hintergangen» (Fry)[107]. Schliesslich zog sich Decurtins aus dem Verwaltungsrat und der Aktiengesellschaft zurück. Das Verhältnis zu Feigenwinter besserte sich wieder, und auch das Interesse Decurtins' am BV blieb bestehen.

Das «schwarze Kleeblatt» arbeitete ferner in der «Union de Fribourg» mit, der «Union catholique d'études sociales et économiques» (1885–1893), welche unter anderem Material zur Enzyklika «Rerum Novarum» lieferte[108].

Das Dreigestirn war sogar in den eigenen Reihen umstritten. So erschien am 17. Februar 1898 folgende Attacke im BV (!) gegen die Sozialreformer: «Hinter wohlgedrechselten Phrasen verbarg sich aber viel Naivität und auch Charlatanismus.» Nutzniesser sei die herrschende Partei (der Freisinn, M.), «indem sie die unverständige, sowohl bestimmter Ziele als der nötigen Kenntnisse mangelnde sogenannte soziale Bewegung benützt hat, um die Macht des Staates zu vermehren». Der Verfasser dieses Artikels ist leider unbekannt.

C. Der lange Marsch vom Verein zur Partei 1884–1905

Die zwanzig Jahre von der Aufhebung der katholischen Schule bis zur Bildung einer Katholischen Partei waren geprägt durch ein beschleunigtes Wachstum der Stadt und ihrer Bevölkerung. Der industrielle Aufschwung und die vermehrte Bautätigkeit zogen wie ein Magnet Leute der nähern und weiteren Umgebung nach Basel. Zwischen 1880 und 1910 verdoppelte sich die Wohnbevölkerung[109]. Entsprechend nahm die Zahl der Katholiken zu: von 19 289 im Jahre 1880 stieg sie auf 37 469 im Jahre 1900, d.h. von 29,6% auf 33,1%. 1900 wurden allerdings Römisch-Katholische und Christkatholiken zusammen als Katholiken in der Volkszählung aufgeführt.

Die Zahl der Stimmberechtigten bei den Katholiken entsprach hingegen dem Prozentanteil in keiner Weise, denn der Ausländeranteil war enorm hoch.

Mit der Vertretung der Katholiken im Grossen Rat war es nicht gut bestellt. 1886 wurde erstmals ein Vertreter des KV Grossrat: er war als Katholik auf die konservative Liste genommen worden. Wie viele Grossräte freisinniger, konservativer und später dann sozialistischer Richtung von Haus aus katholisch waren, entzieht sich unserer Kenntnis. Es waren zweifellos nur wenige. Dass die Katholiken so schlecht vertreten waren, war natürlich eine Folge des Majorzsystems. Die Sachlage ändern konnte nur ein proportionales Wahlsystem, und für dieses setzten sich die führenden Katholiken, allen voran Ernst Feigenwinter, schon früh ein.

12. Der Kampf um den Proporz

Die Idee einer Proporzwahl ging aber nicht von den Katholiken, sondern vom konservativen Grossrat und Professor Hagenbach-Bischoff aus. Von der Ausschusssitzung des KV vom 4. Februar 1889 findet sich folgender Protokolleintrag: «Feigenwinter gibt Kenntnis von einer Einladung der Vorstände der konservativen Quartiervereine und des Arbeiterbundes an den KV Basel, in Verbindung mit ihren Vereinen ein Initiativbegehren auf Einführung des proportionalen Wahlverfahrens zu stellen.» Zehn Tage später stellte Professor Hagenbach sein neues Wahlsystem im KV vor, und kurz darauf wurde in der Burgvogtei ein grossangelegter Wahlversuch mit allen Interessierten durchgeführt. (Schon vorher hatte es auf parlamentarischer Ebene und im Zusammenhang mit der Verfassungsrevision Anläufe zur Einführung des Proporzes für die Grossratswahlen gegeben.) Im März wurde dann das entsprechende Initiativbegehren lanciert. Die Volksabstimmung darüber fand am 23. November 1890 statt und wurde vom BV mit einem langen Aufruf unterstützt: «Gegen 3000 Männer aller Parteien, aller Konfessionen, aller Stände stellten an den Grossen Rat das Gesuch, das proportionale Wahlverfahren einzuführen. Diese 3000 Männer wollten nichts anderes, als dass alle Parteien, auch die Minderheitsparteien, auch die Arbeiter, auch die Katholiken, alle ihrer Stärke nach, in der gesetzgebenden Behörde vertreten seien… Die herrschende Partei will das nicht. ‹Die Mehrheit sei König!› ruft sie dem Basler Volk entgegen. 1000 Radikale sollen 30 Grossräte wählen, 1000 Arbeiter, 1000 Katholiken keinen. ‹Uns die Ratssessel! Euch die Tribüne!› schrieb vor vier Jahren der Volksfreund!. Man stellt dem Volk das neue Verfahren als verworren, als unverständlich, als unbegreiflich dar!… Fürwahr! Das Basler Volk und seine Jugend muss von der radikalen Schule und der radikalen Presse in seiner Intelligenz weit heruntergebracht worden sein, wenn ihm das proportionale Wahlverfahren nicht verständlich geworden!»[110]

Wie ernst es dem KV mit dem Proporz war, hatte sich schon bei den Nationalratswahlen im Oktober 1890 gezeigt. Es waren vier Kandidaten aus verschiedenen Parteien empfohlen worden, darunter auch der Sozialist Wullschleger.

Die Initiative wurde in der Abstimmung abgelehnt. Das Begehren brauchte mehrere Anläufe[111]. 1895 wagte man es zum zweitenmal. Träger war nun ein neutraler Wahlreformverein, «da bekanntlich vor fünf Jahren die Allianz der Konservativen, Katholiken und Sozialdemokraten einigen Anstoss erregt hat», wie Hagenbach am 18. Mai 1895 an Feigenwinter schrieb[112]. Wiederum holte sich der KV als Referenten den «Vater» des Proporzgedankens. Auch das BV machte sich wieder dafür stark: «Das bisherige Wahlsystem ruft einem unwürdigen Treiben, persönlichen Angriffen und Verunglimpfungen, Verbitterungen und Enttäuschungen in allen Lagern.» Als Devise müsse gelten «gleiches Recht für alle» statt «die Mehrheit soll König sein»[113]. Die Initiative wurde zwar knapp angenommen, doch hatten sich noch Regierung und Grosser Rat damit zu beschäftigen. Um die unbequeme Initiative zu bodigen, verband der Regierungsrat den Proporz mit dem Stimmzwang. Dagegen erhoben die Befürworter einen Rekurs ans Bundesgericht, so dass die auf Dezember 1898 vorgesehene zweite Abstimmung sistiert werden musste.

Mit von der Partie war der KV wieder 1899, als auf eidgenössischer Ebene eine Initiative für den Proporz bei der Wahl des Nationalrats und für die Volkswahl des Bundesrates lanciert wurde.

Die Abstimmung über diese eidgenössische Initiative sowie die nun korrigierte kantonale Vorlage fand am 4. November 1900 statt. Sie wurden beide verworfen.

Der dritte Anlauf wurde im Oktober 1904 gestartet. Ein gemischtes konservativ-katholisch-sozialistisches Komitee hatte nun den Vorschlag als Wahlgesetz ausformuliert, so dass er dem Volk direkt vorgelegt werden konnte. In diesem Vorschlag, der dem 1900 vom Grossen Rat ausgearbeiteten glich, wurde allerdings das unbeschränkte Kumulieren durch das dreifache ersetzt. Offenbar galt es auch jetzt noch, die Stimmbürger auch der Minderheitsparteien zu überzeugen. Direkt reisserisch gab sich ein Inserat im BV:

☛ Unerhörte Ungleichheit
☛ und Ungerechtigkeit!

2026 Stimmen erhalten nach dem **bisherigen** Wahlverfahren in Basel-Stadt

drei Grossräte.

3387 Stimmen erhalten nach dem gleichen Wahlgesetz

siebzig Grossräte.

Ein solches Wahlrecht wäre nicht bloss, sondern **es ist eine Schmach** für das aufgeklärte, freisinnige, gerechtigkeitsliebende Basel.

Darum: Ein tausendfaches

☛ Ja. ☚

«Unerhörte Ungleichheit und Ungerechtigkeit!
2026 Stimmen erhalten nach dem bisherigen Wahlverfahren in Basel *drei* Grossräte.
3387 Stimmen erhalten nach dem gleichen Wahlgesetz *siebzig* Grossräte.
Ein solches Wahlgesetz wäre nicht bloss, *es ist* eine Schmach für das aufgeklärte, freisinnige, gerechtigkeitsliebende Basel.
Darum: ein tausendfaches JA.»[114]

Wegen der «Spaltung in der sozialdemokratischen Partei und der Lässigkeit bei den Konservativen» bemühte sich der KV besonders um die Wählergunst, allerdings nur in internen Versammlungen. Gegen aussen wollte er sich zurückhalten, offenbar aus Furcht vor kontraproduktiven Reaktionen. Bei der SP und bei den Konservativen gab es anscheinend viele Wähler, die mit dem status quo zufrieden waren[115].

Nach heftigem Abstimmungskampf fiel der Entscheid am 26. Februar 1905, und zwar äusserst knapp: Mit einer hauchdünnen Mehrheit von zehn Stimmen (5290:5280) siegten die Anhänger des Proporzes. Damit hatten nun die Minderheitsparteien im Mai 1905 anlässlich der Grossratswahlen Gelegenheit, ihre wirkliche Stärke zu zeigen. Auch der KV war damit nicht mehr auf das Wohlwollen der Konservativen angewiesen.

Am 5. März 1905 erschien im BV wieder ein Gedicht von Ulrich Dürrenmatt:
«Zehn Stimmen Mehrheit!
(Zum Proporzsieg in Basel.)
Zehn Stimmen, das ist wenig,
Es könnten tausend sein –
Doch ist die Mehrheit König,
Sei gross sie oder klein…
Knapp ging es um die Klippe,
Doch ist dies nicht so schlimm;
Majörzlern im Prinzipe
Genügt ja Eine Stimm'!…»

13. Katholikenverein und Römisch-Katholische Gemeinde

Der KV ist bekanntlich aus der RKG herausgewachsen, zur «Reglung ihrer eigenen Gemeindeangelegenheiten», zur «Aufklärung in kirchlich politischen Fragen». Vor allem in der Schulfrage hat er sich vollkommen mit der Gemeinde solidarisiert. Aber das war nur eine Seite. Die andere war die politische Ausrichtung: die Anliegen der Gemeinde sollten auch auf dem politischen Parkett vertreten werden, allerdings wiederum ganz im Sinn und Geist des traditionellen katholischen Glaubensbewusstseins, wie es in der Gemeinde gepflegt wurde.

Die Einheit von KV und RKG zeigt sich vor allem darin, dass viele der führenden Männer des KV auch Vorsteher der RKG waren. Die gewichtigste Ausnahme bildet wohl Ernst Feigenwinter, der vermutlich aus Gründen der Arbeitsüberlastung der Vorsteherschaft der RKG nie angehört hat. Gross war im KV auch jeweils das Interesse an den Wahlen in die Vorsteherschaft. Meist schlug man aus den eigenen Reihen Kandidaten vor.

Immer auch wurde dem Verein ein geistlicher Beistand beigegeben, der die Aufgabe hatte, das Vereinsschiff auch theologisch auf dem rechten Kurs zu halten. Diese Geistlichen nahmen meist an den Sitzungen des Ausschusses teil und wurden oft als dessen Mitglieder gewählt[116].

Von 1870–1880 war der geistliche Betreuer Vikar Schwörer, es folgte Vikar Meck, 1884 Abbé Constantin Weber, der später, als Pfarrer der Marienkirche, von 1891–1893 sogar Präsident des KV und lange Jahre Vizepräsident war. Von 1886–1888 war der sozial aufgeschlossene Vikar Joseph Beck «Präses», einige Jahre übernahm Pfarrer Jurt persönlich dieses Amt oder war wenigstens bei wichtigen Sitzungen dabei. Nach seinem Tod wurde Stadtpfarrer Döbeli von St. Clara Vizepräsident. Die Einheit von Gemeinde und Verein zeigte sich ebenfalls bei der Wahl des ersten katholischen Grossrats: Gottfried Hediger war von 1874 bis 1879 Präsident der Vorsteherschaft der RKG gewesen.

Trotzdem kam es manchmal zu ernsten Meinungsverschiedenheiten, vor allem zwischen Pfarrer Jurt und Feigenwinter. Belege dafür sind zwei Briefe Jurts an Feigenwinter aus dem Jahre 1887[117]. Im ersten Brief vom 14. April warnt der Pfarrer vor der zunehmenden Bindung des KV an die konservativen Quartiervereine, weil diese Mitglieder der ehemaligen «Roma» (vgl. 10.) favorisieren. «Lassen wir doch den Katholiken lieber die Freiheit, zu stimmen wie sie wollen.» Denn der KV hoffte, die Unterstützung der Konservativen würde durch die Wahl einiger Katholiken in den Grossen Rat honoriert. Dies war aber nicht der Fall. (Vgl. Grossratswahlen 1887.)

Im zweiten Brief vom 11. Juni 1887 zeigte sich Jurt wenig begeistert vom Plan, im protestantischen Basel einen Katholikentag abzuhalten. Aber wenn es denn sein müsse, so solle so wenig wie möglich von der Lage der Diaspora geredet werden, sondern ganz Leo XIII. im Zentrum stehen. Offenbar befürchtete Jurt den Missbrauch der Feier für politische Zwecke, und die zunehmende Politisierung des KV lag ihm auf dem Magen. Ihm «und noch vielen anderen Leuten will es überhaupt nicht passend scheinen, den Katholikentag in Städten zu halten, in welchen die Katholiken in grosser Minderheit und von den Protestanten sehr abhängig sind». Für Jurt war der KV offensichtlich ein religiöser Bildungsverein, während er Ernst Feigenwinter als politische Basis diente. Jurt setzte sich nur in der Datumsfrage durch.

Differenzen zeigten sich auch ein paar Jahre später, als Feigenwinter es angebracht fand, den Sozialisten Wullschleger als Nationalratskandidaten zu unterstützen, einerseits weil er mit dessen sozialen Postulaten teilweise sympathisierte, anderseits aus Gründen des Proporzes. In der Ausschusssitzung vom 19. Oktober 1893 akzeptierte man Feigenwinters Vorschlag, die Konservativen Paul Speiser und Emil Bischoff, den Radikalen Dr. Brenner und den Sozialisten Wullschleger als Nationalräte vorzuschlagen.

Der Vorschlag «gelte dabei nicht der Person Wullschlegers, sondern lediglich der Sache und der stets verfochtenen proportionalen Vertretung». Dies auch in Folge einer

Entwicklung, die sich zurzeit in der Schweiz vollziehe: überall «eine Annäherung und Verständigung der Oppositionsparteien… hier Arbeiterbund und Katholikenverein».

In der Vereinsversammlung vom 26. Oktober aber «bekämpft HH. Pfarrer Jurt mit aller Schärfe die Aufstellung von kirchenfeindlichen und umstürzlerischen Männern und kehrt sich gegen das sogenannte Zumarktegehen mit der Gesinnung in Wahlsachen» (Protokoll). Dieses Votum wird von HH. Dr. Wenzler unterstützt, der gleichfalls findet, dass hier «absolut kein Geschäft zu machen ist». Trotzdem wurden die Kandidaten des Ausschusses mit etwa 100 gegen 6 Stimmen angenommen. Verbittert ob so viel Eigenständigkeit gegenüber klerikaler Einsprache, wandte sich Jurt an die Presse, und zwar an die ASZ. In einer Einsendung vom 1. November 1893 missbilligte «die Katholische Geistlichkeit des Hatstätterhofs» die Unterstützung der Kandidatur Wullschlegers, verurteilte das Wahlprogramm des KV und wusste sich einig mit der Mehrheit der hiesigen Katholiken, «die es zu jeder Zeit ablehnen werden, unter der roten Fahne der Sozialdemokratie in den Kampf zu ziehen». Schon am 2. November behandelte der Ausschuss den Artikel, der «in weitesten Teilen der katholischen Gemeinde einen wahren Entrüstungssturm heraufbeschworen» hat. Der Ausschuss werde demissionieren, wenn an der morgigen Vereinsversammlung ihm nicht das Vertrauen ausgesprochen werde. Dort ergriff Pfarrer Jurt das Wort «zu seiner Verteidigung resp. Entschuldigung», wie es im Protokoll heisst. Dem Vorstand wurde einmütig das Vertrauen ausgesprochen, und der KV lehnte «die Insinuation, als ob er der roten Fahne der Sozialdemokratie Heeresfolge leiste, ab».

Weil Wullschleger inzwischen in einer Wahlrede die Katholiken als «Dragonerschar» tituliert hatte und meinte, auf die Stimmen der «4 bis 500 armen Teufel von Ultramontanen» verzichten zu können, zog der KV für die Nachwahlen seine Unterstützung zurück. Gewählt wurde schliesslich E. Bischoff – er hatte 400 Stimmen mehr als Wullschleger erhalten[118].

Nach mehr als zehn Jahren, am 30. November 1904, wurde die Sache von der «Basler Zeitung» nochmals aufgegriffen. Das Blatt warf Feigenwinter vor, Pfarrer Jurt habe seine Politik «öffentlich und in aller Form» desavouiert. Feigenwinter nahm im BV dazu und zu weiteren Angriffen Stellung[119]. Er verwahrte sich gegen den Vorwurf, «Knecht des Hatstätterhofes, der im Pfarrhof seine Instruktion hole», zu sein. «Tatsächlich ist richtig, dass sich unsere Geistlichkeit von jeher wenig mit der Politik beschäftigte… Tatsache ist, dass ich Herrn Pfarrer Jurt auch etwa einmal, so z.B. als es sich um Unterstützung der Kandidatur Wullschleger handelte, entgegengetreten bin…» Auch habe es in der katholischen Gemeinde «Schleicher» gegeben, «die in den Pfarrhöfen und hintenherum gegen die Politiker intrigierten».

1894 tauchten erstmals Gedanken zum staatlichen Kultusbudget auf. Die Katholiken unterstützten ja mit ihren Steuergeldern indirekt den vom Staat bezahlten Kultus der evangelisch-reformierten Landeskirche und der Christkatholiken, während sie selber keinen Rappen vom Staat erhielten, wenn man von der zur Verfügung gestellten Clarakirche absieht. Deshalb sollte ein neuer Kirchengesetzentwurf mit dem Klerus und den

Gemeindevorstehern genau unter die Lupe genommen und eventuell zurückgewiesen werden.

Auch Ideen, ein katholisches Vereinshaus zu errichten, tauchten damals auf, offenbar ziemlich unkoordiniert. Der Gesellenverein hatte ein Auge auf die zum Verkauf anstehende Burgvogtei geworfen – die Burgvogtei «mit dem vielgepriesenen schönsten und grössten Saal der deutschen Schweiz! Da soll man die Katholiken um Benützung fragen, unsere Radikalen, Grütlianer, Sozialdemokraten sollen bei den Versammlungen katholisches Bier trinken…», meinte ironisch das BV vom 24. September 1894. Doch im letzten Moment schnappte der Staat das Gebäude den Gesellen vor der Nase weg. Die Geschichte hatte noch ein Nachspiel in der Grossratssitzung vom 27. September.

Die enge Verflechtung von KV und RKG zeigt sich auch an der Forderung des KV, die RKG habe eine Verwaltungsreform nötig, oder personenbezogen, an der Zusammensetzung einer neuen Kirchenbaukommission (für die spätere Heiliggeistkirche), die sich zu einem grossen Teil aus KV-Exponenten zusammensetzte. Doch gab es auch Missstimmigkeiten, anscheinend besonders unter dem RKG-Präsidium von Emil Peter, dem Vater des späteren katholischen Regierungsrats Carl Peter, «in der katholischen Volkspartei der erklärte Antipode des prominenten christlichsozialen Führers Ernst Feigenwinter»[120]. Oder es entrüstete sich Redaktor Fäh im BV, dass seine Zeitung in Sachen Pfarrerwahl durch die Vorsteherschaft schlechter informiert werde als die BN. Die Installationsfeier des neuen Pfarrers Döbeli sei einseitig Sache der Vorsteher und, wie gerügt wurde, nur für die «Crème der Katholiken» zugänglich. Die Vorsteher hätten «dem arbeitenden katholischen Volke keine Gelegenheit geboten, das so seltene Fest in irgendeiner Weise mitbegehen zu können»[121]. Ohnehin macht es nach 1900 den Anschein, als habe sich das Verhältnis des KV zur Vorsteherschaft verschlechtert.

So fand am 21. Februar 1901 eine Konferenz zum Thema «Kultussteuer der Diasporagemeinden» statt. Sie wurde von Emil Peter geleitet, Teilnehmer waren der Ausschuss des KV, Geistliche, die RKG-Vorsteher und verschiedene Präsidenten katholischer Vereine. Dort erwies sich, dass etliche Städte in der gleichen Lage wie Basel waren. Doch von einem Vorstoss auf kantonaler Ebene riet Pfarrer Döbeli ab, man habe ja als Äquivalent die Clarakirche. Eventuell sei eine Motion im Nationalrat einzureichen. Erstaunt und beleidigt wegen des Entscheids der Konferenz, stillzuhalten, zeigte sich Feigenwinter in der folgenden Ausschusssitzung vom 15. März. Er hatte nämlich an der betreffenden Sitzung nicht teilnehmen können, obwohl er ein Referat vorbereitet hatte und offenbar im Kanton tätig werden wollte. «Wenn der KV die Führung in allen Dingen dem Pfarrhof überlassen wolle, habe der KV keinen Zweck mehr und der Interpellant entschlage sich jeder Verantwortlichkeit für die Zukunft desselben.»[122] Das war deutsch und deutlich!

Zu einem weiteren Zusammenstoss von Peter und Feigenwinter kam es am 30. April 1903. Anlass war der Kauf eines Bauplatzes für die geplante Kirche im Gundeldingerquartier. Feigenwinter meinte, dieser Bauplatz an der Hochstrasse sei voller Nachteile, und die Bevölkerung sei mehrheitlich für das Terrain an der Thiersteinerallee. Er protestierte heftig gegen das «Spekulationsgeschäft» mit dem Geld der Gemeinde. Peter solle den Bauplatz auf eigene Rechnung übernehmen.

Auch eine Papstfeier musste der KV allein organisieren, «weil die Vorsteherschaft der RKG nicht willens ist, gemeinsam mit dem KV eine Leofeier grösseren Stils zu verantworten»[123].

Vielleicht mochte da eine Statutenrevision der RKG Abhilfe schaffen? Neben fünf Geistlichen und fünf Vorstehern waren immerhin auch fünf KV-Leute in der vorbereitenden Kommission…

14. Die Katholiken als Fasnachtssujet

Schon 1870 wurde die katholische Kirche von der «Basler Narren-Zeitung No. 2»[124] zum Gespött gemacht. Anlass war, wie konnte es anders sein, die Unfehlbarkeitserklärung:

«Juchhe! wie bunt ist nun mein Stühlchen
Mit Lappen roth und blau geschmückt!
Wie ward so munter mein Concilchen
Von Ost und Süd und Nord beschickt.
Nur Eins macht mir noch Herzeleid:
Wie wird's mit der Unfehlbarkeit?» usw.

Die Kirche aufs Korn nahm auch die Clique «Basilisk», offenbar Mitglieder des Vereins junger Kaufleute. Diese wurden wegen «Verspottung der katholischen Geistlichkeit und gottesdienstlicher Handlungen» sogar vom Polizeigericht zu Bussen verurteilt. Grund: «Die Hauptpersonen des Zuges bildeten der Papst und verschiedene Bischöfe und Kardinäle in den betreffenden Ordensgewändern, daneben begleiteten den Zug mehrere Kapuziner, Jesuiten und Nonnen.»[125]

Im selben Jahr prangte der Petersdom mit diversen Narren auf einer fiktiven Fasnachtslaterne. Lächerlich gemacht wurde der Peterspfennig:

«Um zu gehorchen, ganze Länder darben,
Beisteuern muss das Volk, wer fragt, ob's mag?
In Rom verschlingt s'Concilium die Garben,
Genussvoll prassend schon an einem Tag.»[126]

Das waren Seitenhiebe allgemeiner Art. Konkreter waren später die Angriffe aufs BV: «Ein Wunder.
18. Februar. Die gestern zur Ausgabe gelangte Nummer des Volksblattes enthielt keine einzige grobe Lüge und Verläumdung. Es sollen in Folge dieses allerdings sehr auffälligen Redactionsmissgriffs viele Leser des Blattes mit Aufgabe ihres Abonnements gedroht haben, falls sich dergleichen noch einmal wiederholt.»[127]

Die Fasnachtszeitung «Basels Fastnachts-Laternen» von 1870 nahm in verschiedenen Darstellungen die geplante Unfehlbarkeitserklärung aufs Korn.

Oder 1884, anlässlich der Aufhebung der katholischen Schule:
«Klein, Burkart, Falk-Trifolium
Wie geht das Volksblatt mit Dir um!»[128]

Aber auch schon politische Absichten fanden ihren Niederschlag im ABC für die künftigen Grossratswahlen:

«Ultramontaner Candidat
 Bei uns keine Aussicht hat!»[129]
Und nochmals die Aufhebung der katholischen Schule:
«Rom mit siner schwarze Macht
D'Schuel vo Basel überwacht,
Husprälat isch ihre Hüeter,
D'Lehrer sinn nur Ordensbrüeder,
D'Propaganda lieferet s'Geld,
Wenn's am Nervus Rerum fehlt.»[130]
1883 war Pfarrer Jurt nämlich zum päpstlichen Hausprälaten ernannt worden[130a].
Auch darüber spottete die Basler Narrenzeitung[131]:
«Den Viertel eines Jahrhunderts hat
Herr Jurt die Herde stramm geweidet,
Bis endlich gegen ihn zu neckischer Tat
Ein Rudel Böcklein (die ‹Roma›, M.), dem's verleidet,
Herangebolzt. Zum Troste, siehe da! schickt,
Nachdem besucht die Petersschwelle,
Der Papst ein Röcklein, bunt und künstlich gestickt,
Dass er der Herde vor sich stelle
In «Hausprälatenwürde»! Mahnet ja fast
An Abraham von Sankta Claren…»
1889 war die Proporzinitiative ein Sujet:
«Kein Stimmkampf tobt in Zukunft mehr,
Kein Streit entsteht bei Wahlen,
Man holt nur schnell die Formel her
Von den Proportionalen!…
Dort drüben (in der Burgvogtei, M.) sassen wunderbar
Herrn Jurts bewährte Christen
Und der Quartiervereinler Schar
Bei roten Sozialisten…»[132]
Auch die Bemühungen um ein katholisches Vereinshaus gaben Anlass zu Versen am Rande des guten Geschmacks:

«Die römische Katholike
Sie sinn zum Bschluss jetzt ko,
Sie welle lo errichte
E katholisch Kasino.

Mer mögene das scho gunne
Zuem e neue Gsellehus
Doch sotte sie bald au lo baue
E katholisch Narrehuus…

Das wär für mänge fromme Franz
Denn Narre hänn sie gnue,
Me seht's an ihrem Firlifanz
Und an dämm dumme Thue.»[133]

Aber das Fass zum Überlaufen brachte ein Schnitzelbankhelgen an der Fasnacht von 1895. Anlass war die plötzliche Umnachtung eines Geistlichen, der in der Marienkirche die Messe las.

«Me ka's fast nit begriffe
Und s'isch au wirklich rar
Dass d'Priester sich vergriffe
In der Kirche bim Altar.
Das isch fromm und edel
Mir wänn si mache lo
Si tien us ihre Schädel
Nur d'Sünde useschlo…»[134]

Am 11. März 1895 geisselte Redaktor Fäh im BV diesen und andere Ausrutscher: «Die eben zu Ende gegangene Fastnacht bot in allen Teilen wieder das alte betrübende Bild. Mehr als sonst galt es wieder, gegen den Katholizismus, gegen die Geistlichkeit und gegen katholische Politik unter dem Schein ‹harmlosen Fastnachtshumors› loszuziehen. Da waren wieder die alten dickbäuchigen Kapuziner mit versoffenen Larven oder spindeldürre Jesuiten mit Klauen zu sehen, teils als Tambouren, dann als Zugsbegleiter oder aber auch abgebildet auf den Transparenten. Dasjenige des Männerchors, der übrigens zu seinen Aktiv- und Ehrenmitgliedern gute Katholiken zählen soll, war förmlich gespickt mit solchen Figuren.»

Im Zusammenhang damit brachte Fäh Beschlüsse der Versammlung des KV vom 7. März zur Kenntnis. Demnach wollte man vor der nächstjährigen Fasnacht die Regierung ersuchen, derartige Anspielungen, die die religiösen Gefühle der Katholiken verletzten, zu verbieten. Ein entsprechender Aufruf sollte auch in der Tagespresse ergehen. «Sollten diese Schritte ohne Erfolg sein, so verpflichten sich die sämtlichen 200 anwesenden Mitglieder,… dem schändlichen Treiben mit Gewalt entgegenzutreten.» Doch hier hatte der BV-Redaktor wohl etwas herausgehört, was nie beschlossen worden war. Jedenfalls musste er in einer späteren Ausgabe, am 21. März, einen Rückzieher machen und feststellen, dass von Gewaltanwendung nie die Rede gewesen sei.

1896 hielt das KV-Protokoll vom 16. Februar die Reaktion der Regierung auf das Gesuch des KV fest: «Wir haben aus Anlass Ihrer Petition … das Polizeidepartement angewiesen, alles dasjenige zu verhindern oder zu unterdrücken, worin mit Recht eine Verspottung der katholischen Kirche als solche erblickt werden könnte.»

Doch den Unfug ganz abzustellen, gelang offenbar nicht. Jedenfalls beklagte sich am 25. Februar 1900 das BV wiederum darüber, dass «Kapuziner in den Kot gezogen» würden. Überschrift des betreffenden Artikels: «Wo bleibt die Polizei?»

Dass die Katholiken trotz alledem keine grundsätzlichen Fasnachtsgegner waren, ist bei Gantner (S. 159 ff.) nachzulesen.

15. Die Grossratswahlen 1884–1902

Grossratswahlen 1884

Nur wenige Monate nach der Aufhebung der katholischen Schule fanden Gesamt-Erneuerungswahlen in den Grossen Rat statt. (Bei Vakanzen während der Wahlperiode rückten nichtgewählte Kandidaten nicht einfach nach, wie das heute der Fall ist, sondern es fanden Nachwahlen statt.

Nachwahlen gab es auch für jene Kandidaten, welche das absolute Mehr in ihrem Quartier nicht erreicht hatten. Gewählt wurde quartierweise; es gab neun Quartiere: St. Johann, Spalen, Stadt, Steinen, Aeschen, St. Alban, Riehenquartier sowie das Innere und das Äussere Bläsiquartier.)

In einer Einsendung ans BV vom 17. April 1884 nahm ein B.-Korrespondent – wer sich dahinter verbarg, wissen wir nicht – zu den Wahlen Stellung. «Für selbstverständlich halte ich es, dass die stimmberechtigten katholischen Wähler in allen Quartieren wie ein Mann für die Wiederwahl derjenigen Grossräte eintreten, die während der Schuldebatte ihre Popularität einsetzten, um den bedrohten katholischen Mitbürgern mit ihren Voten zu Hilfe zu kommen.» Auf keinen Fall sollten jene eine Stimme erhalten, welche für die «Vergewaltigung unserer Privatschule» gestimmt hatten. Wenig Verständnis zeigte der Schreiber für die Aufstellung katholischer Kandidaten. Einerseits fürchtete er die Aufstellung von «liberalisierenden, ins Radikale schillernden Taufscheinkatholiken». Meinte er wohl damit den Katholiken Cesar Vicarino? Dieser war lange freisinniger Grossrat – übrigens sprach er in den Sitzungen immer französisch[136]. Anderseits befürchtete er Unruhe oder Zwiespalt in der katholischen Gemeinde, wenn zwei, drei Konfessionsgenossen vor anderen bevorzugt würden.

Die Liste des KV bestand denn auch praktisch ausschliesslich aus Kandidaten des konservativen eidgenössischen Vereins[137]. Allerdings mit einer Ausnahme: im Aeschenquartier wurde Ernst Feigenwinter aufgestellt. Richtete sich der mahnende B.-Artikel gar gegen seine Person? Natürlich hatte Feigenwinter keine Chance, gewählt zu werden. Er erhielt lediglich 179 Stimmen, bei einem absoluten Mehr von 304. Überhaupt war das Ergebnis der Wahlen ein grosser Sieg der Radikalen. Sie kamen auf 90 Vertreter gegenüber 38 Konservativen und sogenannten Vermittlern. «Unsere schlimmsten Befürchtungen haben sich erfüllt», schrieb das BV vom 1. Mai 1884.

Der erste Grossrat des Katholikenvereins (1886)

1886 fanden Nachwahlen in den Grossen Rat statt, und da fand die Kommission des KV, «dass es hohe Zeit sei, dass der KV sich aufraffe und mit voller Energie darauf dringe, einmal eine Vertretung im Grossen Rat zu erhalten». Bestärkt in ihrem Vorhaben wurde die Kommission durch einen Leserbrief im BV vom 6. März 1886, der im Grunde die Bildung einer eigenen Partei forderte. Wenn man nur «sich fast willenlos den Quartiervereinen» ergebe und hinter dem Eidgenössischen Verein drein humpele, dürfe man nicht viel erwarten… Anmerkung der Redaktion (Feigenwinter): «So ganz unrecht hat der Mann nicht, doch kommen hier Faktoren in Betracht, welche der Herr Einsender zu wenig gewürdigt.» Die Kommission schlug nun vor, «die ganze Kraft diesmal auf Kleinbasel zu konzentrieren und für die beiden erledigten Grossratssitze im Riehen- und Inneren Bläsiquartier zwei Katholiken zu portieren, und zwar für das Riehenquartier Herrn G. Hediger-Siegrist und für das Innere Bläsiquartier Herrn J.J. Hauser-Bussinger. Der Herr Präsident bemerkt im fernern, dass Herr Hediger auch vom konservativen Quartierverein Kleinbasel und vom Eidg. Verein aufgenommen sei, dessen Wahl bei zahlreicher Beteiligung der Katholiken daher gesichert sein dürfte.»[138] Weniger sicher schien die Wahl des Präsidenten der RKG, Hauser, da der Eidg. Verein sich auf den Zimmermeister Riesterer geeinigt hatte. Hauser hatte infolgedessen weniger Chancen, er wurde auch in der Nachwahl nicht gewählt. Hingegen gelang Hediger im ersten Anlauf der Sprung in den Grossen Rat, was natürlich bei der katholischen Bevölkerung der Stadt grosse Freude verursachte. «Die Begeisterung war eine allgemeine und feurige», berichtet das Protokoll von der ausserordentlichen Versammlung vom 25. März, und im BV war zu lesen: «Wir wollen hoffen, dass unsere katholische Bevölkerung die ihr gebührende Berücksichtigung immer mehr finden werde. Doch da tut es not, dass alle Katholiken treu zusammenstehen.»[139] In derselben Nummer wurde dem Grütliverein der Kopf gewaschen, der sich in den BN darüber beklagt hatte, dass die Katholiken Kleinbasels mit einer eigenen Wahlliste aufgetreten seien, statt die Arbeiterkandidaten zu unterstützen. Dabei hätten doch die Katholiken jede Gelegenheit benützt, um in Arbeiterfreundlichkeit zu machen. Im BV wurde nun erwidert, schliesslich hätten auch die katholischen Arbeiter das Recht, ihre Lage zu verbessern. Deshalb seien ihre Ziele oft dieselben, wie sie der Grütliverein verfolge, doch wann habe sich dieser je für Katholiken eingesetzt? Im Gegenteil, als es um die katholische Schule gegangen sei, standen die Arbeiter «in hellen Haufen damals in der Burgvogtei und schrieen und brüllten ‹Bravo›, als die Losung ausgegeben wurde: ‹Fort mit den katholischen Bettlern und Vaganten aus der Schule!›» – Übrigens wurde damals Wullschleger statt Hauser in den Grossen Rat gewählt.

Grossratswahlen 1887

Für heutige Verhältnisse spät, aber wie damals üblich erst Anfang April beschäftigte sich der KV 1887 mit den anstehenden Grossratswahlen. In der ersten Versammlung der «Vertrauensmänner» wies der neue Präsident des KV, Ernst Feigenwinter, darauf hin, «dass wir Katholiken uns mehr und mehr als selbständige Mittelpartei organisieren müssten». Man war voller Optimismus, wählte für die einzelnen Quartiere Wahlkommissionen, welche Kandidaten suchen sollten; und die zweite Versammlung «löst sich um zehn Uhr unter allgemeiner Begeisterung» auf[140]. Denn offenbar baute man auf die Fairness des Eidgenössischen Vereins und hoffte, etliche der zwölf aufgestellten Kandidaten durchzubringen. Diese Allianz wurde aber erst wenige Tage vor den Wahlen publik und später von der freisinnigen Presse scharf kritisiert. «Es ist bekannt, dass die radikalen Blätter es als einen Verrat an der protestantischen Landeskirche bezeichneten, wenn Protestanten sich dazu herbeiliessen, ultramontane Katholiken als Grossräte vorzuschlagen.»[141] Einen Angriff auf den einzigen katholischen Grossrat hatte der «Katholik», ein «altkatholisches Blättlein» (BV), schon früher lanciert: «Es ist bekannt, dass der harmlose Spediteur und Eisenbahnagent Hediger-Siegrist bloss das Sprachrohr des Advokaten Ernst Feigenwinter ist, der die Geschäfte des Ultramontanismus in der Reformationsstadt Basel besorgt.»[142] Bei den Katholiken war die Enttäuschung riesig – vor allem auch über das Wahlverhalten der Konservativen –, als sich herausstellte, dass nur ein einziger Katholik gewählt worden war. Dies war nicht etwa Hediger, noch viel weniger der bei Nichtkatholiken offenbar höchst verdächtige Feigenwinter, sondern der im St. Albanquartier aufgestellte, offensichtlich populäre Dekorationsmaler Louis Schwehr, KV-Mitglied. Auch die eine Woche später stattfindenden Nachwahlen brachten nichts Positives. Die Teilnahme der Katholiken dabei war stark zurückgegangen. «Die Ursache dieser leidigen Erscheinung suchen wir in der Misstimmung gegen die Unzuverlässigkeit der Konservativen und in der allerdings irrigen Ansicht, jede Beteiligung sei doch aussichtslos.»[143] Die Animosität gegen die Katholiken war eben immer noch beträchtlich. «Wir können niemals zugeben, dass die Katholiken als eigene Partei auftreten.» So äusserte sich «ein sehr einflussreicher Mann der rechtsstehenden Parteien Basels» gegen die Aufstellung katholischer Kandidaten[144]. Die Verbitterung über diese «seitens der konservativen Protestanten angediehene schnöde Behandlung» war noch bei den Nachwahlen im September zu spüren[145].

Dabei gelang damals einem zweiten Katholiken der Sprung in den Grossen Rat, dem Bauunternehmer Gregor Stächelin, allerdings als Kandidat der Freisinnigen. Stächelin war 1870 von Istein nach Basel gekommen, hatte mit eigenen Hausbauten Erfolg gehabt und auch die Krise um 1880 glücklich überstanden. Zu seiner Aufstellung auf der freisinnigen Liste meinte er später, in seinen Erinnerungen: «Ich stimmte zu, allerdings mit dem Vorbehalt, dass ich als Katholik in religiösen Fragen den Standpunkt meiner katholischen Überzeugung einnehmen werde. In wirtschaftlichen und rein politischen Angelegenheiten konnte ich mich den damaligen Anschauungen und Prinzipien der freisinnigen Partei anschliessen.»[146] Stächelin war Grossrat von 1887–1896, daneben auch Mitglied des KV, und wieder von 1908 an bis in die zwanziger Jahre, nun als Vertreter der Katholischen Volkspartei.

Bei den Nachwahlen 1889 unterstützte der kath. Quartierverein Kleinbasel einen Sozialdemokraten, allerdings nur «offiziös», wie es heisst[147]: den Lehrer und «praktizierenden Katholiken» Adam Müller-Ott, der «einen guten Ruf als Betreuer von Arbeiterkindern» genoss[148].

Grossratswahlen 1890

Die Vertrauensmännerversammlung beschloss im April 1890 auf Antrag von Grossrat Louis Schwehr, es «stellt der KV eine Liste auf von Kandidaten, welche als Anhänger des proportionalen Wahlverfahrens bekannt sind und behält sich ausserdem vor, in geeigneten Quartieren katholische Kandidaten aufzustellen. Ferners: Wo verdiente

Radikale, die nicht als notorische Kulturkämpfer bekannt sind, zur Komplettierung der eigenen Wahlliste von anderen Listen allfällig genommen werden könnten, soll es geschehen.»[149]

Oder anders gesagt: Man war auf das Wohlwollen anderer Parteien angewiesen, hatte aber unter Umständen die Möglichkeit, über Wahl oder Nichtwahl fremder Kandidaten zu entscheiden. Aber warum kein Bündnis mit der Minderheitspartei Arbeiterbund (später SP) abschliessen, die in mancher Hinsicht die gleichen sozialen Anliegen vertrat? Darüber äusserte sich das BV am 23. April 1890: «Denn was uns Katholiken ewig und unversöhnlich von jener Partei trennt, das ist der Materialismus, den auf geistigem und wissenschaftlichem Gebiete die Sozialdemokratie pflegt und den sie auf politischem Gebiete im Staate zu verwirklichen sucht.»

Dabei nahm die Arbeiterpartei auch Katholiken auf ihre Liste; der «Arbeiterfreund» vom 26. April meinte aber dazu: Es «ist sich jedoch niemand mehr als wir des grundsätzlich unversöhnlichen Gegensatzes zwischen Sozialdemokratie und Ultramontanismus bewusst»[150].

Gewählt wurden von der katholischen Liste nur vier Kandidaten: Louis Schwehr, Gottfried Hediger, Gregor Stächelin und Adam Müller-Ott, Hediger allerdings erst in den Nachwahlen. Stächelin und Müller kandidierten eigentlich für andere Parteien. Feigenwinter reichte es wiederum nicht zur Wahl, ebensowenig wie Hauser, Dr. Josef Fahm oder Peter Leuthardt.

Erstmals wurde 1890 auch der Regierungsrat vom Volk gewählt. Auch dazu gab es eine Empfehlung des KV. Für den Altkatholiken Philippi schlug man den Arbeiterkandidaten Albert Huber vor, auch aus Gründen des Proporzes. Huber wurde aber nicht gewählt[150a].

Für die Nachwahlen schloss die Arbeiterpartei einen Kompromiss mit den Freisinnigen ab und opferte die Katholiken, «da deren Führer, vor allem Feigenwinter, auf gewisse Freisinnige wie ein rotes Tuch wirkten»[151].

Grossratswahlen 1893

«Wer regiert in Basel?» so fragte wenige Tage vor den Wahlen 1893 das BV[152]. Ja, die Radikalen – aber wer von den Radikalen? Die radikale Bürgerschaft insgesamt? Nein, denn die Basler seien ganz unpolitisch. Ausnahme seien der Gewerbeverein, also die Handwerker, und die zahlreichen ostschweizerischen demokratischen Elemente. Aber die träten nur bei Wahlen und Abstimmungen hervor. Der Verfasser fuhr fort: «Dem Schreiber dieser Zeilen sagte vor zehn Jahren ein alter, geriebener Basler Politikus: ‹Bei uns regieren drei Gesellschaften, die Alt-Zofinger, das Vereinshaus[153] und die Zentralbahngesellschaft.›» Doch heute scheine die Macht der Konservativen oder des «frommen Basel» gebrochen. Hingegen verhandle noch heute die Zentralbahngesellschaft mit der Regierung von gleich zu gleich. «So ist das überhaupt der Charakter unserer heutigen Parlamente und unserer parlamentarischen Wirtschaft, dass die Verwaltungsräte der grossen Aktiengesellschaften der Banken, Bahnen, Industriegesellschaften sich das

Übergewicht zu verschaffen gewusst haben... So kommt es ganz von selbst, dass diese Gesellschaften, wenn es auch nicht äusserlich zur Erscheinung gelangt, so doch tatsächlich die Fäden des Regiments in ihrer Hand haben.»

Wiederum kandidierten 1893 in allen zehn neu eingeteilten Quartieren Katholiken oder katholische Kandidaten anderer Parteien auf der Liste des KV. Die Mehrzahl der Aufgestellten waren aber wie üblich Konservative, daneben auch Sozialdemokraten. Gewählt wurden im ersten Wahlgang Schwehr, Hediger und der Kleinbasler Arzt Dr. Josef Fahm. Für die Stichwahlen wurde beschlossen, «unter allen Umständen wenigstens an der Kandidatur des Ernst Feigenwinter festzuhalten... Es wird vereinbart, die ganze Agitation diesmal speziell ins Riehenquartier zu werfen, wo Ernst Feigenwinter steht»[154]. Am 30. April traf man sich im «Lamm». «Das Lokal ist vollgepfropft. Gehobene, begeisternde Stimmung: Es gilt die Wahl von Dr. Feigenwinter in den Grossen Rat zu feiern. Ein ‹heisses Sehnen› der Katholiken Basels ist in Erfüllung gegangen... Gesang und Musik!»[155]

1894 trat Regierungsrat Falkner zurück. Als Nachfolger kamen der Konservative Stehlin, der Freisinnige Dr. Göttisheim und der den Sozialdemokraten nahestehende Kantonsbaumeister Reese in Frage. Nicht zuletzt um eine Wahl des kulturkämpferischen Göttisheim zu verhindern, schlugen sich die Katholiken vehement auf die Seite Reeses, dem «Fachtüchtigkeit, Unparteilichkeit und religiöse Duldsamkeit» nachgesagt wurde[156]. Reese wurde denn auch gewählt – der KV hatte den Ausschlag gegeben. Das BV vom 14. Dezember 1894 reagierte wie folgt:

«Die Regierungsratswahl vom letzten Sonntag wird von Freund Uli Dürrenmatt unter der Aufschrift ‹Hiobspost aus Basel› so ergötzlich besungen, dass wir nicht umhin können, diese gelungene Weise zum Abdruck zu bringen:

Von Basel aus der guten Stadt
Ist Hiobspost gekommen,
Dort hat der Rothen Kandidat
den Ratsherrnsitz genommen.
Ein Rother im Regierungsrat,
Es ist nicht aufzuheben –
Ein sozialer Demokrat,
Was müssen wir erleben!
Wählt Stehlin oder Göttisheim
Wählt zwischen Gut und Böse!
Da wählt das Volk den schlimmsten Reim,
Und stimmt dem rothen Reese.
Wer hat den Sieg zustand gebracht?
Ein Häuflein Katholiken
Die sonst sich in die Übermacht
Als Unterdrückte schicken!»

Grossratswahlen 1896 und 1899

Die Situation hatte sich 1896 und 1899 nicht verändert. Im wesentlichen übernahm der KV wieder die Liste der Konservativen und reicherte sie mit etwa einem Dutzend eigener Kandidaten an. Aus Gründen des Proporzes stellte man auch sieben Sozialdemokraten auf. Erst am 23. April 1896, dem Donnerstag vor den Wahlen, fand die definitive Aufstellung der Kandidaturen durch die allgemeine Wählerversammlung des KV statt.

Gewählt wurden Schwehr und in den Nachwahlen Hediger und Feigenwinter. Der neue Grosse Rat zählte nun 70 Freisinnige, 42 Konservative, 11 Sozialdemokraten, 4 Leute des Zentrums und 3 Katholiken. Dr. Fahm hatte eine Wiederwahl abgelehnt. – Wie aber kam die sozialdemokratische Partei zu elf Vertretern? Sie hatte für die Nachwahlen mit den um ihre Mehrheitsstellung besorgten Freisinnigen einen Kompromiss abgeschlossen, ein Wahlbündnis, das die anderen Parteien «Würge-Allianz» nannten[157].

Die Stimmung unter den Katholiken war eher gedämpft: «Das Wahlresultat ist, wenn auch kein glänzendes, doch auch kein solches zum Verzagen.»[158]

1897 zog Peter Leuthardt-Thornton, der Sohn des ehemaligen Katholikenführers, in den Bürgerrat ein, «seit den Tagen der Reformation der erste Katholik»[159].

1898 wurde in Nachwahlen der Baumeister Florentin Acker als vierter katholischer Grossrat gewählt.

1899 erwarteten «der Vorstand des KV Basel und die Ausschüsse der katholischen Quartiervereine», wie es nun hiess, vom neuen Grossen Rat nicht weiterhin «eine andauernde leichtfertige Finanzwirtschaft», besonders gegenüber den Forderungen des Baudepartements, sondern u.a. rasche Verwirklichung der sozialen Forderungen, vor allem der Arbeitslosenversicherung, und ein neues Einbürgerungsgesetz. Daran war der KV mit seinem hohen Ausländeranteil besonders interessiert. Unentwegt trat man auch für den Proporz ein. Im wesentlichen übernahm man wieder die Liste der Konservativen. Louis Schwehr kandidierte nicht mehr. Seine Gründe finden sich in einem Brief an Ernst Feigenwinter[160]. Sie sind recht interessant: Schwehr hat Schwierigkeiten im Geschäft infolge «der Verdorbenheit der von allen Seiten verhetzten Arbeiter». Ferner wollen ihn die Radikalen und Sozialisten aus dem Grossen Rat herausdrängen, aber «vor meinen übrigen Kollegen (des Albanquartiers, M.), welche durchweg grosse Herren sind, krümmen sie sich wie ein Wurm». Und drittens: «Ich bin mit der Zeit der grösste Gegner des Proporzes geworden.»

Auf der KV-Liste fanden sich (als katholische Kandidaten) ein Advokat, ein Arzt, ein Bankier, drei Kaufleute, zwei Baumeister, zwei Handwerksmeister, ein Staatsangestellter, ein Partikular (Rentner, M.). Kein Handwerker, kein Arbeiter, kein Taglöhner; nur Angehörige der Ober- und Mittelschicht. Aber vielleicht hatten bei den damaligen Arbeitszeiten Angehörige der Unterschicht einfach keine Zeit zum Politisieren?

Gewählt wurden 1899 Hediger, Feigenwinter, Acker. Man musste sich also wieder mit einer Dreiervertretung begnügen.

Seite aus dem dritten Protokollbuch des Katholikenvereins von 1893. Nicht immer lassen sich die Eintragungen der Protokollbücher so leicht entziffern.

Grossratswahlen 1902

Letztmals wurde der Grosse Rat 1902 nach dem Majorzsystem gewählt. Immer noch waren die Radikalen der Hauptgegner. In einem flammenden Aufruf im BV[161] wurden ihnen ihre Sünden vorgehalten: Aufhebung der katholischen Schule, Verwerfung des Proporzes, Fernhalten der Katholiken von der Staatsverwaltung. Finanzieller Ruin und volle Korruption stünden bevor, denn die Radikalen schüfen neue Staatsämter, «wo sie sich und ihre Freunde versorgen». Sie errichteten «stets neue Staats- und Luxusbauten». Korrektionen von Strassen und Plätzen erfolgten ins Blaue. Derweil würden «wir römisch-katholische Bürger nur noch in den niederen Staats-Ämtern geduldet», dafür hätten wir zu den Kultuskosten zweier Landeskirchen mit unseren Steuern beizutragen. «Unser Stimmzettel ist unsere einzige Waffe... Helfet stürzen den geschlossenen Ring der radikalen Ausbeutung und Tyrannei!»

Man verband sich wieder mit den Konservativen und stellte fünfzehn Kandidaten auf. Nicht mehr dabei waren Ernst Feigenwinter (aus beruflichen Gründen?) sowie Florentin Acker, der die Partei gewechselt hatte und nun als Freisinniger kandidierte – «Grossspekulant» nannte ihn ein grimmiger Feigenwinter im BV[162].

Gewählt im ersten Wahlgang wurde nur Hediger. Erst in den Nachwahlen kamen noch der Arzt Dr. A. Adam und der Zimmermeister Damian Meyer-Böhmler, beide aus dem Spalenquartier, dazu. Ein sehr bescheidenes Resultat also. Noch hatte sich nicht erfüllt, was das BV in seinen Wahlbetrachtungen[163] gefordert hatte: «Das ist für den nächsten Wahlgang die Hauptlehre: enger Zusammenschluss der Konservativen, Sozialdemokraten und Katholiken, um die Zwingburg der radikalen Ausschliesslichkeit zu stürzen!»

Da war es den Sozialisten entschieden besser ergangen. Da der Freisinn um seine Mehrheit besorgt war, nahm er nicht weniger als zwanzig Sozialdemokraten auf seine Listen. Wiederum spielte also die «Würgeallianz»[164]. So kam die Linkspartei auf 22 Vertreter.

Wie stark die Katholiken wirklich waren, sollte sich erst 1905 weisen. Für die Regierungsratswahl wurde Stimmenthaltung beschlossen.

1903 starb Gottfried Hediger, der erste katholische Grossrat und langjähriger Gemeindepräsident. Als sein Nachfolger wurde im Mai 1904 der junge Präsident des KV, Dr. Albert Joos-Stamminger, Advokat und Hauptmann im Basler Bataillon, gewählt.

Wenn wir die zwanzig Jahre zwischen der ersten Aufstellung eines eigenen Kandidaten, 1884, und dem Jahr der Einführung des Proporzes, 1905, überschauen, so können wir feststellen, dass die Katholiken nie mit mehr als vier Männern im Grossen Rat vertreten waren – wahrlich nicht gerade eine übermässige Vertretung, auch wenn man bedenkt, dass lange nicht alle Katholiken ihr Heu auf der gleichen politischen Bühne hatten wie der KV. Auch war ja ein grosser Teil der knapp 40% Katholiken in der Stadt Ausländer. Die Gewählten kamen jeweils nur dank den relativ toleranten Konservativen in den Rat; an ein enges Zusammenspannen mit der Sozialdemokratie dachten die

Katholiken nicht, schon gar nicht 1902, als man sich durch die «Würgeallianz» richtig verraten vorkam. «Die sozialdemokratische Partei hat sich in takt- und grundsatzloser Weise von den übrigen Minderheitsparteien losgesagt... keinem Sozialdemokraten der freisinnigen Liste eine Stimme», hiess es deshalb im BV vom 3. Mai 1902.

Neben den vom KV herkommenden Kandidaten gab es allerdings immer wieder über andere Listen gewählte Katholiken, die von Haus aus praktizierend waren und auf die man in weltanschaulichen Fragen zählen konnte: Gregor Stächelin, Müller-Ott, Vicarino und schliesslich auch Acker.

Der unentwegte Kampf um Sitze im Grossen Rat zeigt deutlich, dass der KV nicht nur im kirchenpolitischen Bereich, sondern vor allem auch in wirtschaftlichen und sozialen Fragen gewillt war, an der Basler Politik aktiven Anteil zu nehmen.

16. Die Tätigkeit der katholischen Grossräte

Lange genug hatten die Katholiken beklagt, dass keiner der Ihren den katholischen Standpunkt zu den behandelten Fragen im Grossen Rat darlegen konnte. Betrachten wir nun die Tätigkeit der katholischen Vertreter im Rat, so interessiert uns die Frage, ob im Zentrum ihres Handelns konfessionell bedingte oder, wie oft üblich, standespolitische Interessen standen.

Hediger wurde im Frühjahr 1886 gewählt. Erstmals ergriff er am 8. November 1886 das Wort (sofern das BV kein Votum unterschlagen hat, was eher unwahrscheinlich ist).

Zur Debatte stand die Änderung des § 84 des kantonalen Strafgesetzes: Öffentliche Gottes- oder Religionslästerung sollte nun nicht mehr unter Strafe stehen. Dagegen wehrte sich Hediger. Da müsste man sich ja z.B. «eine Verhöhnung und Beschimpfung des schönen Wahlspruchs ‹Unsere Seelen Gott, unsere Leiber den Feinden!› gefallen lassen.»[165]

Es ist bezeichnend für sein taktisches Geschick, dass sich Hediger ausgerechnet ein Zitat aus dem vor allem beim Freisinn beliebten Umfeld der Schlacht von St. Jakob als Beleg ausgesucht hat.

Sein Votum war aber erfolglos: Die Änderung des § 84, der nur Strafen bei Störungen gottesdienstlicher Handlungen in Kirchen vorsah, wurde mit 61 Stimmen angenommen[165a].

Eine nächste Attacke ritt Hediger am 13. Dezember gegen das Stadttheater – ein auch später bevorzugtes Angriffsziel katholischer Grossräte. Hediger fand eine Subvention an dieses Institut unnötig, denn ein «Komiker-Ehrenabend», den er besucht hatte, war «frivol und unanständig». – Am 14. Februar 1887 griff Hediger ein Thema auf, das, mit Unterbrüchen, bis weit ins nächste Jahrhundert immer wieder hervorgeholt werden sollte: die Ungerechtigkeit nämlich, dass die Katholiken mit ihren Steuergeldern den protestantischen Kultus mitfinanzieren mussten, selber aber vom Staat keinen Rappen erhielten. Allerdings hielt dieser Argumentation schon kurz darauf ein Leserbrief im

BV[166] entgegen, die Katholiken seien mit dem status quo zufrieden, da man sie unentgeltlich die Clarakirche benützen liesse.

Übrigens erfährt man durch dasselbe BV Interessantes über die Arbeitsmoral des Grossen Rats am 7. November 1887: «Wie gewöhnlich glänzte ein Drittel der Mitglieder durch Abwesenheit.» Am 9. November 1891 heisst es: «Entschuldigt abwesend 81 Mitglieder.»

Grossrat Schwehr, der Hediger ablöste, ergriff selten das Wort, meist zu gewerblichen Fragen. Immerhin vertrat er zur kantonalen Verfassungsreform 1889 den katholischen Standpunkt.

1892 waren Schwehr und Hediger wieder beide im Grossen Rat, als es um die Bewilligung von 700000 Franken für die projektierte Matthäuskirche ging. Schwehr enthielt sich der Stimme, da er sich nicht in Angelegenheiten einer anderen Konfession einmischen wollte, fand aber, man solle «nicht knausern». Hediger stimmte dafür – die Katholiken würden mitzahlen, also könne er auch mitstimmen. Sein Wunsch: die reformierten Glaubensbrüder sollten die Kirche dannzumal «auch von innen sich ansehen»[167].

1893 wurden die zwei bisherigen katholischen Grossräte durch Dr. Fahm, von dem man wenig merken sollte, und Ernst Feigenwinter verstärkt. Dieser, als homo politicus par excellence, ergriff häufig das Wort, oft zu juristischen und gesetzgeberischen Fragen, aber auch zu Tagesfragen, wie am 28. September 1894 zur eventuellen Übernahme der Burgvogtei durch den Staat.

Im August 1894 plante nämlich der katholische Gesellenverein den Erwerb der Burgvogtei, um darin ein grosses Kost- und Logierhaus für in Basel arbeitende Gesellen einzurichten, wie dies schon in andern Städten geschehen war. Die Benützung des grossen Saales für öffentliche Versammlungen und festliche Anlässe durch Aussenstehende sollte aber keine Änderung erfahren. Der Kaufpreis, 335000 Franken, war bereits notarisch gefertigt worden. Es fehlte nur noch die Genehmigung durch die Generalversammlung der Aktionäre der Burgvogtei. Da wurde die Regierung offenbar durch einen Artikel alarmiert, der Ende des Monats in der NZ erschienen war[168], in welchem unter anderem zu lesen war: «Für das gesellschaftliche Leben Basels muss der Übergang der Burgvogtei aus den bisherigen neutralen Händen in diejenigen der ultramontanen Partei als ein schwerer Schlag empfunden werden. Ungleich schwerer aber trifft es den in Basel so regen und tätigen protestantischen Geist.» Um den Handel im letzten Augenblick zu verhindern, bot die Regierung, laut Feigenwinter, 15000 Franken mehr. Doch am 22. September informierte das Finanzdepartement den Regierungsrat, die Sache habe sich erledigt: «Es gelang nämlich einem Konsortium von Privaten mit Konnivenz (Duldung, M.) der Verwaltung unter der Hand die Mehrheit der Aktien zu erwerben.»[169]

In einer ausführlichen Interpellation fragte nun Ernst Feigenwinter die Regierung an, ob diese Geschichte der Wahrheit entspreche, denn heute, am Ende des 19. Jahrhunderts, falle es schwer zu glauben, «dass Gesichtspunkte irgend eines engherzigen, intoleranten Konfessialismus bei den Entschliessungen der hohen Regierung könnten mitgewirkt haben»[170]. «Will man etwa zur Verbesserung des Bieres von Staats wegen eine Muster-

No. 1.   **Carnevals-Nummer.**   **Saison 1900/1.**

Babilons Theater-Anzeiger.

Verlag der Aeschlemer.

Stadttheater in Babilon.

Donnerstag, am 7. des Narrenmonats 1901

Vorstellung ausser Abonnement

Der subventionirte Sündenpfuhl

oder

Das Ketzertheater

Tragikomische Jammer-Comödie in einem Akt von Nepomuk Carneval.

Regie: Gspass Zwetschgesummer.

Personen:

Ein Interpellant	Gspaß Zwetschgesummer
Der Geist eines früheren I. Interpellanten	Rheingold Spardisinn
Der Geist eines frühern II. Interpellanten	Friedmund Hederich
Ein h. Ratsherr	Philipp Rodolfi

Ort der Handlung: Der Ratssaal zu Babilon.

Neben Ernst Feigenwinter sind auch Gottfried Hediger (Friedmund Hederich), der erste katholische Grossrat, sowie Regierungsrat Rudolf Philippi Zielscheibe des fasnächtlichen Spottes. Mit Rheingold Spardisinn könnte Grossrat Reinhold Sarasin gemeint sein.

brauerei einrichten nach dem Vorbild des Königlichen Hofbräuhauses in München?» fragte er ironisch. Regierungsrat Speisers Antwort war erwartungsgemäss eher vage; es sei der Regierung darum gegangen, der Stadt ein grosses, für alle Parteien offenes Versammlungslokal zu erhalten.

In den folgenden Jahren finden sich immer wieder Vorstösse der Katholiken zu verschiedensten Themen. So meinte Hediger, die Erbschaftssteuer für Kinder solle verschwinden, dafür könne man eine Klaviersteuer erheben (20. Mai 1897). Feigenwinter machte den Vorschlag, auf dem Wettsteinplatz ein Wettsteindenkmal aufzustellen (22. September 1898). Entschieden wandte er sich gegen den Stimmzwang. Stimmfaule Bürger könne man ja im Kantonsblatt publizieren (8. Juni 1899).

Immer wieder kritisierte Ernst Feigenwinter das Stadttheater, dessen Stücke – namentlich hatte er das Schauspiel «Der Pfarrer von Kirchfeld» im Auge – «konfessionell hetzerisch» seien (7. Februar 1901). Dieser Vorstoss gab den «Aeschlemern» Anlass, sich in ihrer «Carnevals-Nummer 1» von 1901 weidlich über «Gspass Zwetschgesummer» und den «subventionierten Sündenpfuhl» lustig zu machen.

Zu erwähnen sind noch Interventionen von Dr. med. A. Adam zu medizinischen Fragen oder von Damian Meyer, dem rührigen Präsidenten des Männervereins «Eintracht»: Er wollte mehr Lohn für Laternenanzünder (10. März 1904).

17. Weitere politische Aktivitäten

Selbstverständlich beschränkte sich die politische Tätigkeit des KV nicht bloss auf die mögliche Teilnahme an Grossrats- oder Regierungsratswahlen. Anderseits würde es zu weit führen, hier jede politische Äusserung zu dokumentieren. Wir geben deswegen nur eine Auswahl wieder.

Eine ausführliche Stellungnahme brachte das BV am 20. März 1888 zur Verfassungsrevision des Kantons. Die Kommission des KV nannte darin die Verfassungsartikel und die Gesetze, welche das Verhältnis Staat–Kirche regeln oder die Wahl der Behörden ordnen sollten, eine «schreiende Ungleichheit und Ungerechtigkeit» gegenüber der katholischen Bevölkerung, doch angesichts der Untervertretung in der Legislative sei eine Eingabe aussichtslos. Ferner wurden alle Behörden aufgelistet, denen «nie ein Katholik anzugehören die Ehre hatte». Nur in drei Departementen seien einige Katholiken; diese Diskriminierung erfolge systematisch und sei ungerecht.

Zur Verfassungsrevision, welche vor allem die Wahl des Regierungsrates durch das Volk brachte, aber auch in Art. 13 festschrieb, dass «Personen, welche religiösen Orden und Congregationen angehören», die Leitung und Lehrtätigkeit an Schulen verboten sei, gab der KV natürlich die Nein-Parole heraus. Die Revision wurde aber mit 3187 Ja gegen 1671 Nein angenommen (am 1. Februar 1890).

Eine «stürmische Diskussion» entfachte der Centralbahnhandel von 1891[171]. Anlass war der Verkauf der Centralbahn, deren Sitz in Basel war, an den Bund.

Regelmässig gab der KV Parolen zu den Nationalratswahlen heraus, so 1893. Massgebend war auch hier der Gedanke einer proportionalen Vertretung, so wurde z.B. Wullschleger unterstützt: «Wir haben da namentlich sein mannhaftes Einstehen für die freien Krankenkassen, sein Bestreben für Reform des bäuerlichen Kreditwesens, seine Agitation für den Normalarbeitstag und Schutz der Arbeitslosen im Auge.»[172] «Vorbehaltlos» könne man die Stimme allerdings nur Regierungsrat Paul Speiser und Oberstleutnant E. Bischoff geben. Nicht nach Bern gehöre, wegen seiner Amtspflichten als Professor und Rektor, Kinkelin. Und auch nicht Eckenstein. Dieser habe sich als «Anhänger des Radikalismus à la Forrer und Künzli entpuppt». (Die beiden waren Vertreter des zentralistischen Freisinns.)

Auch zu verschiedenen Initiativen bezog der KV Stellung, und zwar sowohl zu eidgenössischen wie auch zu kantonalen. Besonders auf schweizerischer Ebene witterte man hinter manchem neuen Gesetz einen Angriff gegen die Katholiken. «Der schleichende Kulturkampf» hiess ein Referat, das Professor Beck an einer Festversammlung der Basler Katholiken in der Burgvogtei hielt[173]. Er meinte, höchst verdächtig sei das Bundesschulgesetz, das Bundesrat Schenk ausgearbeitet hatte. «Dessen Tendenz (geht dahin), die Volksschule konfessionslos zu machen, den Religionsunterricht zu verdrängen.» Auch die neue Militärorganisation mit dem obligatorischen militärischen Vorunterricht an den Sonntagvormittagen habe es «auf die Beeinträchtigung des christlichen Glaubens und des Gottesdienstes» abgesehen. Das Krankenversicherungsgesetz (von Bundesrat Forrer, M.) treffe die katholischen Krankenkassen. Gegenmittel seien der VMAV und die katholische Volkspartei.

Auf kantonaler Ebene bekämpfte man aus weltanschaulichen Gründen die Einführung der Leichenverbrennung und versuchte, den Bau eines Krematoriums zu verhindern, allerdings erfolglos. Interessant ist der Kommentar im BV zum Ja[174]: «Beigetragen hat ferner die jüngere stimmberechtigte Bevölkerung, das flottante Element, welches nach dreimonatlichem Hiersein in gemeinde- und kantonalen Angelegenheiten mitsprechen darf, dieses Element, hervorgegangen zum grössten Teil aus der konfessionslosen Schule.»

Die positive Stellung Wullschlegers zur Krematoriumsfrage und der Verdacht, er werde von der Loge unterstützt (die Katholiken witterten damals ohnehin hinter jedem Radikalen einen Freimaurer, also einen Kirchenfeind Nummer eins) führte dazu, dass bei den Nationalratswahlen 1896 der Sozialdemokrat keine Unterstützung des KV mehr erhielt. In einem Leserbrief[175] wurde dem KV aber ganz allgemein vorgeworfen, er laviere zu sehr, dabei seien die Erfolge sehr mager. «Nur einmal weg mit dem Scharwenzeln und Kompromisslen… Versuche man es mit einer eigenen und zwar gebrochenen (unvollständigen, M.) Liste, welche die Namen der beiden konservativen Kandidaten und den eines Katholiken trägt.» Trotzdem wurde 1899 Wullschleger wieder unterstützt – der Proporzgedanke war stärker.

Auch für das Gerichtswesen begann man sich zu interessieren. «Die Zustände in denselben (den Gerichten) seien keine gesunden», vermeldet das KV-Protokoll vom

20. Oktober 1901. Und weiter: «Die Prozesse würden im Appellationsgericht übers Knie gebrochen, da die Richter die Appellation überhaupt als Arroganz betrachten.» Feigenwinter stellte den Antrag, die beiden Hauptparteien zu ersuchen, dass bei Richterwahlen «auch Rücksicht auf die Katholiken genommen werde».

Im Jahre 1902 beschloss der KV, sich mit der Kandidatur von Ernst Feigenwinter an den Nationalratswahlen zu beteiligen. Basel bekam damals infolge der Zunahme der Bevölkerung («infolge des raschen Anwachsens der katholischen Bevölkerung», wie das BV vom 25. Oktober 1902 meinte) zwei Vertreter mehr im Nationalrat zugesprochen. Feigenwinter, als Befürworter einer besseren Haftpflichtversicherung für Arbeitgeber, einer Kranken- und Unfallversicherung, als Kämpfer gegen Verschleuderung der Bundesfinanzen, gegen Verteuerung der Lebensmittel, gegen Börsenschwindel wurde als Mann des Volkes empfohlen. Selbst das protestantische «Berner Tagblatt» meinte, das Parlament würde sich zu dessen Eintritt gratulieren können, denn Feigenwinter sei ein ausserordentlich befähigter, talentvoller Jurist[176]. Sogar mit einem Gedicht (von Dürrenmatt?) rührte das BV die Werbetrommel für den katholischen Kandidaten:

«Lasst das Banner fröhlich wehen
Über unserm Schweizerhaus!
Auf den eignen Füssen stehen
Wollen wir in diesem Strauss.
Wir sind keine Herrenknechte,
Nicht gewärtig Eures Winks,
Feigenwinter ist der Rechte,
Unabhängig rechts und links.
Hei, wie waren wir umworben
Als willkommener Succurs!
Ach, nun ist dies Spiel verdorben –
Über unserm neuen Kurs!
Fort mit leerer Wahlreklame,
Aber an die Urnen stramm!
Doktor Feigenwinters Name –
Das ist unser Wahlprogramm!»

Trotz soviel Bemühungen wurde Feigenwinter nicht gewählt.

18. Soziales Engagement

Ein besonderes Gewicht legte der KV, dessen Mitglieder vor allem Handwerker und Arbeiter waren, auf die Behandlung von sozialen Fragen. Dies ist Ernst Feigenwinter und seinen Freunden zuzuschreiben, aber bestimmt spielten dabei auch die Verlautbarungen von Papst Leo XIII. eine grosse Rolle. Im weiteren galt es, den Auszug der

Werktätigen zu den Arbeitervereinen, der späteren Sozialdemokratischen Partei (1890) zu verhindern.

1885/86 fand eine ganze Reihe von Vorträgen zum Themenkreis «Soziale Frage» statt: «Der Sozialismus früherer Zeiten und dessen Entwicklung bis in die Gegenwart» (Referent war der auf diesem Gebiet besonders beschlagene ehemalige BV-Redaktor Bruhin), «Die einzig richtige und fruchtbare Lösung der sozialen Frage auf dem Boden des wahren Katholizismus» (Pfarrer Schmidlin von Biberist), «Der Bischof Ketteler von Mainz und seine soziale Stellung namentlich in Bezug auf den Arbeiter» (Redaktor Berther vom BV) oder «Pater Theodosius (Florentini, M.), ein christlicher Sozialist der Schweiz» (Pfarrer Gisiger)[178].

Bruhin bezeichnete die liberale Wirtschaftstheorie als Kind der Reformation. Die Sozialdemokratie sei «anfänglich aus einer berechtigten Gegenwehr hervorgegangen», doch sei sie dazu gekommen, «in einem Staat ohne Christentum, ohne Ehe (Bebel), ohne Familie ihr Heil zu suchen»[179].

Das BV begann am 26. März 1885 eine Artikelserie mit dem Titel «Katholische Sozialpolitik».

Von einem sozialen Konflikt direkt betroffen wurde im April 1885 das frühere Vorstandsmitglied des KV, J. Thierry, Inhaber einer Zigarrenfabrik: Seine Arbeiter streiken. Am 16. April berichtete Feigenwinter darüber im KV; er «constatiert, aus eigener Erfahrung in dieser Angelegenheit, dass die Arbeiter von einigen Rädelsführern nur gegen den Fabrikherrn aufgehetzt waren und viele ihrer Behauptungen der Wahrheit ganz entbehren»[180]. Man spürt förmlich, wie peinlich ihm die Sache war.

1886 beschloss der KV die Gründung einer Hilfskasse für arbeitslose katholische Arbeiter, doch liess man Ende des Jahres den Plan wieder fallen, weil die Finanzen fehlten[181].

Am 19. Dezember 1886 sprach in einer öffentlichen Versammlung mit 300 Teilnehmern in der Safranzunft Nationalrat Caspar Decurtins über die «Internationale Arbeiterschutz-Gesetzgebung». An der anschliessenden Diskussion beteiligte sich auch der sozialdemokratische Grossrat Gutsmann.

Anfang 1887 beschloss die Kommission des KV an einer Sitzung bei Feigenwinter am Klosterberg, sich an der Wahl eines eidgenössischen Arbeitersekretärs zu beteiligen, «da der KV zweifelsohne als Arbeiterverein zu betrachten sei und demgemäss bei der betreffenden Wahl mitzuwirken das Recht habe»[182]. Das Arbeitersekretariat sollte, wie zehn Jahre später das Bauernsekretariat, Ansprechpartner des Bundes sein. Erster Arbeitersekretär wurde bekanntlich der Sozialdemokrat Herman Greulich.

Im September 1887 setzte sich Dr. Fritz Speiser, der Bruder des Regierungsrats, im KV für ein Arbeiterkrankenversicherungsgesetz ein. (Fritz Speiser, 1853–1913, war Gerichtsschreiber in Basel und konvertierte 1887 zum Katholizismus. 1892 wurde er Priester, später Professor für Kirchenrecht an der Universität Fribourg.)[183]

Ebenfalls 1887, an der Leofeier, wurde in Basel der Dachverband der katholischen Arbeiter- und Männervereine der Schweiz VAMV gegründet (vgl. Exkurs Feigenwinter). Dieser Verband wurde vom KV regelmässig mit Delegierten an die Jahresversammlung beschickt.

Auch in den neunziger Jahren gab es oft Vorträge zur sozialen Thematik: «Über Grund- und Endziele der Sozialdemokratie», «Die christliche Arbeiterfamilie einst und jetzt», «Die wahre soziale Erlösung der arbeitenden Klasse durch Christus und seine göttliche Lehre» usw.

Am 15. Mai 1891 erschien die Enzyklika «Rerum Novarum» Leos XIII., welche sich mit der Arbeiterfrage beschäftigte. Schon einen Monat später beschloss der KV an seiner Jahresversammlung eine Massenbestellung dieser Schrift[184].

Erwähnenswert erscheint uns eine Äusserung Feigenwinters an einer KV-Versammlung vom 12. Januar 1892 (5–600 Anwesende!): «Die Katastrophen, die über eine Reihe von Banken hereingebrochen sind, haben das Treiben des Kapitalismus auch in der Schweiz in ein grelles Licht gestellt und zeigen, dass es eine geringere Schande (sic!) ist, Fabrikarbeiter als Bankier zu sein.»

Am 8. April 1893 berichtete das BV vom schweizerischen Arbeitertag in Biel und redete der konservativen Fraktion der Bundesversammlung ins Gewissen: «Möge man aufhören, den liberalen Gewalthabern zu Willen zu sein und Rücksichten zu nehmen, die unsere katholischen Arbeiter nur verbittern und in die Arme der Sozialdemokratie führen müssen.» Das BV stellte sich damals entschieden auf die Seite der Sozialpolitiker. Prof. Beck schrieb schon am 30. Januar 1893: «Wie hat man seine (des BV, M.) Sozialpolitik bekämpft und verlästert, bis der Heilige Vater dieselbe in dem Breve (kurzes Schreiben, M.) an Herrn Decurtins ausdrücklich gebilligt hat.» – Die soziale Haltung des KV fand auch Eingang in die revidierten Statuten des KV vom 17. Mai 1894[185]. Als Aufgabe des Vereins wird in Paragraph 2b «die soziale Hebung der Arbeiter» angegeben. Erreicht werden soll das unter anderem «durch Versöhnung der Gegensätze zwischen Arbeitgeber und Arbeiter, Eintreten für die Arbeiter bei etwaigen denselben zugefügten Beeinträchtigungen, Eintreten für Massregeln zum Schutze der Arbeiter und zur Förderung ihrer beruflichen Interessen» (Paragraph 3c).

Neue Impulse brachte die Jahresversammlung der Schweizerischen Männer- und Arbeitervereine VMAV in Basel vom 8./9. September 1894, wobei sich zeigte, dass namentlich auch die «Schweiz. Kirchenzeitung» diesem Verband nicht wohl gesonnen war. Sie witterte in der Mitgliedschaft beim Arbeiterbund «ein Bündnis… zwischen roten und schwarzen Sozialisten»[186].

1898 wurde Basel Vorort des VMAV. In das Centralcomité wurden u.a. Ernst Feigenwinter, Constantin Weber, Dr. H. Abt und Eugen Wannier gewählt.

Sollen katholische Arbeiter den Gewerkschaften beitreten? Diese Fragestellung wurde 1899, an der Jahresversammlung des KV, die erstmals im neuen Saal des Vinzentianums stattfand, behandelt. Die Meinungen waren kontrovers.

Soziale Probleme beschäftigten den KV auch weiterhin, und zwar nicht nur in Vorträgen. So diskutierte man heftig über das Arbeitslosengesetz und die Idee einer Kranken- und Unfallversicherung. Beiden erwuchs Widerspruch. Man fürchtete sich vor einem

Obligatorium. «Staatssozialismus» hiess das Reizwort. Die Angst vor einem allmächtigen radikalen Staat sass eben noch tief.

19. Innere Entwicklung des Katholikenvereins

Im Streit um die Aufhebung der katholischen Schule hatte sich der KV als Sprachrohr der Basler Katholiken bewährt. Der negative Ausgang dieser Auseinandersetzung scheint aber dem Verein nicht gut getan zu haben; viele Katholiken waren demoralisiert; anderseits war der Bau der Marienkirche ein Vorhaben, zu welchem es den KV nicht brauchte. Kurz: Viele Anzeichen deuten darauf hin, dass der KV im Herbst 1884 in eine Krise geriet. Das zeigt sich vor allem im Protokoll der ausserordentlichen Versammlung vom 25. Oktober 1884.

Ernst Feigenwinter – damals noch nicht Präsident des KV; für den aus gesundheitlichen Gründen zurückgetretenen Peter Leuthardt war *Eduard Binkert-Bohrer,* Inhaber einer Eisengiesserei, gewählt worden – beklagte sich über die in letzter Zeit so geringe Beteiligung. «Er bedauert, dass sich Männer zurückgezogen, die berufen wären, für das Wohl und das Interesse der Gemeinde einzustehen, und möchte man fast glauben, es fehle an Mut.» Bruhin ging mit Feigenwinter einig: «Es existieren bei uns Verhältnisse, die schon längere Zeit den Keim zu der anfangenden Zerrüttung gelegt haben. Männer, die wir früher hier sahen und (die) für das Interesse der Gemeinde arbeiteten, sind nicht mehr unter uns; sie wurden durch die Verhältnisse gezwungen fernzubleiben… Hauptsächlich aber soll in unseren Reihen mehr Offenheit sein.» Leuthardt hat vernommen, «dass davon gesprochen wurde, einen KV für Schweizer und einen solchen für Ausländer ins Leben zu rufen und glaubt, auch hier einen Grund zum schlechten Besuche unserer Versammlungen anführen zu dürfen».

Über die Hintergründe dieser Klagen war leider nichts zu erfahren. Aber vielleicht hing damit die Neueröffnung des Lesezirkels zusammen, welche im Juli 1884 beschlossen worden war. Aufgelegt wurden wiederum «den katholischen Standpunkt vertretende politische Zeitungen», und zwar folgende:
– Stimmen aus Maria Laach
– Historische politische Blätter
– Christlichsoziale Blätter
– Frankfurter zeitgemässe Broschüren
– Wiener Vaterland
– Courrier de Genève
– Alte und neue Welt
– Schweizer Gewerbeblatt
– Schweizer Handelszeitung
– Libertà
– Vaterland, Luzern

– Allgemeine Schweizer Zeitung

sowie dreissig Exemplare des «Basler Volksblatts»[187]. Das Lokal befand sich im ersten Stock des «Café du Marché». Am 7. Dezember 1884 war feierliche Eröffnung in Anwesenheit der Rauracia und des Caecilienvereins. Bruhin verlas dabei ein selbstverfasstes Gedicht:

«Was ist es, Brüder, dass zur Stunde
Wir hier so froh versammelt sind?
Ist's, um zu hören gute Kunde?
Ist's, um zu grüssen uns geschwind?
O nein, wir sollen mit Behagen
Einweihen hier ein kleines Zelt,
Das zur Erholung aufgeschlagen
Auf unser'm Zuge durch die Welt.
Dass wir im Kränzchen uns belehren,
Was jeder Tag uns Neues bringt,
Dass wir gesellig hier verkehren,
Indess der Sturm zum Ohre dringt!» usw.[188]

Doch bereits im September des folgenden Jahres wurde in der Kommission beantragt, den Zirkel «wegen ungenügender Frequenz» wieder zu schliessen. Am 7. Februar 1886 fand zum erstenmal eine Versammlung des KV in Grossbasel statt, und zwar im «Augarten», der sich Ecke Austrasse-Leimenstrasse befand und etwa zehn Jahre später verschwunden ist. Andere Treffpunkte für Zusammenkünfte des ganzen Vereins waren das Café Spitz, die Safranzunft, das Wirtshaus «Zum Lamm» an der Rebgasse und, für grössere Veranstaltungen, Basels grösster Saal in der «Burgvogtei». Die weitaus meisten Versammlungen fanden aber im Saal des ehemaligen katholischen Knabenschulhauses am Lindenberg statt.

Im August 1886 hatte der Verein über eine schmeichelhafte Einladung zu befinden, nämlich über die Teilnahme an der St. Jakobsfeier. Es war «die erste, die dem KV seit dessen Gründung zugekommen ist»[189]. Da die Konservativen an der abendlichen Feier in der Burgvogtei nicht mitmachten, war die Kommission für Nichtbeteiligung, weil eine Teilnahme den Vorwurf der Parteinahme für die Radikalen nach sich ziehen konnte. Doch das Fussvolk sah das anders. Die St. Jakobsfeier sei «eine patriotische und keine politische», hiess es, «an der die Katholiken, wenn sie nicht bedeutungsärmer werden wollen, wie überhaupt an derartigen öffentlichen Anlässen, teilnehmen müssten. Die erhaltene Einladung sei ein Akt der Friedensliebe und dürfe nicht zurückgewiesen werden. Lange genug habe man über Zurücksetzung geklagt.» Die vom Präsidenten gewünschte dritte Festrede am Abend in der Burgvogtei könne «allgemein patriotisch» gehalten werden. In der Abstimmung entschied man sich für Teilnahme.

Schon im September tauchte infolgedessen ein neuer Wunsch auf: «Insbesondere sei der Mangel einer Fahne bei der diesjährigen St. Jakobsfeier von den verschiedenen Teilnehmern des KV besonders gefühlt worden.» Pfarrer Jurt war dagegen: «Eine Fahne sei

> **Ein Vereinsausflug**
>
> Begünstigt vom herrlichsten Herbstwetter, veranstaltete der Katholikenverein am letzten Sonntag seinen Herbstausflug nach Arlesheim. Es hatte sich dazu eine stattliche Schar von über dreihundert Teilnehmern eingefunden. Der ganze Saal im «Leuen» und die anstossenden Zimmer vermochten kaum die Gäste zu fassen. Der Präsident des Vereins, Dr. Feigenwinter, hiess die Anwesenden willkommen mit dem Wunsche, dass das heutige Familienfest einen recht angenehmen Verlauf nehmen möge. Dieser Wunsch erfüllte sich denn auch in reichlichem Masse. Zahlreiche Produktionen am Klavier, hübsche Lieder, Duette und Terzette brachten Leben und Abwechslung und sorgten, dass Aug und Ohr stets angenehm beschäftigt waren. Ganz speziell müssen wir die Vorträge der beiden Herren Kiefer auf der Geige und Flöte sowie die tüchtige Leitung des Herrn Schell, Direktor des Cäcilienvereins, erwähnen.
>
> Aber auch an ernsteren Worten fehlte es nicht. Deklamation und Rede stellten sich auch ein, wie man übrigens erwarten durfte. Der Vizepräsident liess den Verein hochleben und ermahnte zu zahlreichem Eintritt in denselben … Hochw. Herr Dr. Beck erinnerte an das abgelaufene Vereinsjahr. Der Verein sollte mindestens 2000 Mitglieder zählen, dann könnte man auch etwas Rechtes leisten. Redner trinkt auf die unentwegte Wirksamkeit des Vereines. Unterdessen war die Zeit ziemlich vorgerückt und die siebente Stunde mahnte zum Aufbruch …
>
> Basler Volksblatt, 25. Oktober 1887.

noch lange nicht das Symbol eines wahren Katholiken.» Ein Redner betonte, die Fahne sei ein Luxus, «man solle vor allem trachten, die hungernden und frierenden Kinder unserer Gemeinde zu speisen und zu kleiden». So wurde denn «die Vereinsfahne unter allgemeiner Heiterkeit mit allen gegen zwei Stimmen zu Grabe getragen»[190].

Ein gutes Jahrzehnt später kam der KV doch noch zu einer Fahne. Am 19. Juni 1898 wurde die Neuerwerbung gefeiert: «Das ganze Fest nahm übrigens einen brillanten, durch keinerlei Misston getrübten Verlauf, bei ungeheurer Teilnahme der hiesigen katholischen Bevölkerung.» Leider scheint diese Fahne – sie wurde später dem Katholischen Volksverein übergeben – verschwunden zu sein[191].

Die Teilnahme an der St. Jakobsfeier wurde in den folgenden Jahren jedoch abgelehnt, 1888 mit der Begründung, die dahinter stehenden Parteien brächten den Katholiken «Unduldsamkeit und systematische Zurücksetzung» entgegen. So wandte sich auch 1899 der Vorstand wieder gegen eine Teilnahme. Aber «in der Diskussion sprechen sich sämtliche Anwesende *für* die Teilnahme aus, indem das Verhältnis zum Staat ja eher ein friedliches geworden sei… Es sei deshalb kein Grund vorhanden, sich immer in den Schmollwinkel zurückzuziehen.»[192] Zudem besass man jetzt eine Vereinsfahne!

Zu einem öffentlichen Auftritt waren die Katholiken übrigens schon vorher gekommen. Es handelte sich um die Kleinbasler Gedenkfeier von 1892. Dabei kamen der Caecilienverein St. Clara und der Kirchengesangchor Grossbasel zu einem Auftritt. Zusammen mit anderen Chören sangen sie unter anderem «Weh uns allen…» und «Bange Frauenherzen…»

Doch zurück zur eigentlichen Vereinsgeschichte. Schon Ende 1886 wurde *Ernst Feigenwinter* Präsident des KV, den er bis 1890 und wieder von 1894–1896 führen sollte. Möglicherweise geht auf ihn die Statutenrevision von 1888 zurück. Entsprechend den Wahlquartieren sollte der Ausschuss nun aus neun Quartiervertretern und drei frei gewählten Mitgliedern bestehen; die Geschäfte sollte aber ein engerer Vorstand von fünf Männern, einer davon ein Geistlicher, vorbereiten. Es ist nicht auszuschliessen, dass Feigenwinter sich dabei an der Organisation des Grütlivereins orientierte, dessen Statuten er besass. Der Grütliverein hatte eine ähnliche Mitgliederbasis wie der KV: Zugewanderte, Handwerker, Arbeiter, nicht Stimmberechtigte, keine Bürger, eher Unterschicht[192a].

Erstmals wurde die neue Leitung 1889 gewählt, von 101 Anwesenden, die Kenntnis nahmen von der Jahresrechnung: Einnahmen 1252 Franken, Ausgaben 929 Franken, Saldo 323 Franken[193]. Leider wissen wir nicht, wie sich die Einnahmen zusammengesetzt haben. Sicher betrug der Jahresbeitrag nicht mehr – wie noch 1870 – sechs Franken, sondern wahrscheinlich nur noch Fr. 2.50, wie in den Statuten von 1894 festgesetzt. Man käme so auf eine Mitgliederzahl von etwa 500. Diese Zahl wird aber eher zu hoch gegriffen sein, denn erst am 6. Dezember 1895 vermeldet das BV stolz die Aufnahme von zwölf neuen Mitgliedern, «wodurch die Mitgliederzahl von 500 erreicht ist».

Von diesem Jahr 1895 ist noch ein Mitgliederverzeichnis vorhanden, so dass sich die Berufe ermitteln lassen. Aus den Berufen ergibt sich, dass sich etwa zwei Drittel der Mitglieder, vielleicht sogar mehr, mit bescheidenen Löhnen zufrieden geben mussten. Sowohl ungelernte als auch Berufsarbeiter waren nicht auf Rosen gebettet. Nur 40% der Familien der gelernten Arbeiter lebten ausschliesslich vom Einkommen des Mannes, bei den Hilfsarbeitern waren es sogar nur 10% (Zahlen für 1912). Der Durchschnittslohn eines Hilfsarbeiters betrug 1912 1500 Franken im Jahr, während ein Berufsarbeiter ein mittleres Jahreseinkommen von 1800–2100 Franken hatte. Holz-, Textil- und Bauarbeiter verdienten eher schlecht. Auch bei den Meistern schwankten die Einkommen[195].

Ende 1889 machte dem Ausschuss ein neues Problem einiges zu schaffen. Im Herbst dieses Jahres hatte sich nämlich ein «Katholischer Quartierverein Kleinbasel» konstituiert, offenbar in der Absicht, sich vom KV zu emanzipieren und vollständig loszulösen. Bald schon tauchte aus der Mitte der Mitglieder des KV der Wunsch nach einer Grossbasler Sektion auf.

So sah sich denn die Kommission in ihrer Sitzung vom 21. Dezember 1889 veranlasst, zusammen mit Vertrauensmännern der RKG die Situation gründlich zu durchleuchten. Der Ausschuss, aber auch Pfarrer Jurt, betrachteten den Statutenentwurf des neuen Vereins als «eine Gefährdung des bisherigen guten Friedens in unserer Gemeinde». Der Aktuar des neuen Vereins zeigte für diesen Standpunkt volles Verständnis und sprach von «Überrumpelung» durch (übrigens wenige) Gegner des KV. Grundsätzlich wurden aber Vereine zur Verfolgung ihrer Quartierinteressen begrüsst. Auch könnten sie «bei politischen Aktionen sofort organisiert und kampffähig bei der Hand sein. Es wird dadurch eine praktische, wohltätige Arbeitsteilung bezweckt und die katholische Partei

Berufe		
von je 100 zufällig ausgewählten Mitgliedern des KV.	1895	1911
– vermutlich ohne Lehre (Taglöhner, Packer, Fabrikarbeiter, Heizer …)	22	15
– vermutlich mit Lehre (Coiffeurgehilfe, Färber, Gärtner, Ferger, Zeichner …)	13	29
– Handwerksgesellen	14	8
– Büroangestellte (Commis)	13	11
– Staatsangestellte (Billeteur, Bahnarbeiter, Polizist, Grenzaufseher)		11
– Handwerksmeister	10	8
– andere Selbständige (Milchhändler, Spezierer, Kaufmann …)	11	3
– Leitende Stellung (Prokurist, Architekt, Geschäftsführer …)	8	6
– Akademiker (Geistliche)	2	3
– Diverse (Partikular, Sigrist, Wirt, Schriftsetzer, Orgelbauer …)	7	6

Die Berufe des Mitgliederverzeichnisses von 1895 wurden mittels des Adressbuches eruiert. Das Mitgliederverzeichnis von 1911 gibt die Berufe an.

[hier taucht das Wort erstmals auf!] selbst viel besser zu einem gegliederten Ganzen geformt; die einzelnen Truppenkörper werden besser marschieren.» Anklang findet auch der Vorschlag, nur Schweizerbürger und keine Ausländer aufzunehmen.

Sofort wurden für die Grossbasler Quartiere (entsprechend den Wahlquartieren) Komitees ernannt[196]. An der Jahresversammlung 1890 wurde der Vorstand beauftragt, die Statuten entsprechend zu ändern. «In prinzipiellen politischen und religiösen Fragen» sollten sich die zu gründenden Quartiervereine nach den Entscheidungen des gesamten Vereins richten[197].

Die Aufgaben der «Quartiervorstände» wurden klar in den revidierten Statuten vom 17. Mai 1894 definiert. Demnach lag es den zwei Vertretern der seit 1893 zehn Wahlquartieren ob,

«1. Die genauen Verzeichnisse der Vereinsmitglieder sowie der andern in ihren Quartieren ansässigen stimmfähigen Katholiken zu führen.»

2. Diese «zu sammeln und dem Verein zuzuführen».

«3. Die vom Vereine beschlossenen Aktionen und Agitationen in ihren Quartieren auszuführen.» Die Leitung des Vereins hatte der Vorstand (Präsident, Vizepräsident, Aktuar, Kassier, ein Beisitzer). Er und die zwanzig Quartiervertreter bildeten den Ausschuss.

Gegenüber den ersten Statuten von 1870 gehen die revidierten mehr in Einzelheiten, besonders in der Frage, wie die Vereinsziele zu erreichen seien. Zutritt hatten nach wie vor auch Ausländer. Deutlich merkt man diesen Satzungen die juristische Beschlagenheit Feigenwinters an.

In den Protokollen taucht auch immer wieder der Wunsch nach einem eigenen Vereinshaus auf. Eine Möglichkeit sah man in einem Umbau der Schulgebäulichkeiten am Lindenberg, welche aber der RKG gehörten. Mitte 1894 zeigte sich ein anderer Weg: der katholische Gesellenverein dachte ernstlich daran, die Burgvogtei käuflich zu erwerben (vgl. Ziff. 16). Doch dieses Vorhaben konnte nicht ausgeführt werden. Ein neuer Anlauf wurde 1903 gemacht. Es wurde nämlich eine «Gesellschaft des Katholischen Vereinshauses ‹Basler Hof›» gegründet. Ziel war die Erwerbung der Liegenschaft Clarastrasse 38 als Vereinshaus und Gasthof[199].

1895 befasste sich der Ausschuss mit der Italienerfrage. Ernst Feigenwinter machte «auf die teilweise sehr traurigen Verhältnisse der in Basel ansässigen Italiener (in religiöser und gesellschaftlicher Beziehung) aufmerksam. Zusammen mit der Gemeinde sollte eine Besserung versucht werden. Am 29. März 1895 wurden im KV entsprechende Beschlüsse gefasst:

1. Sollten statistische Erhebungen (Zahl, Herkunft) durchgeführt werden,
2. sollten die Italiener in einem «unter der Protektion des KV stehenden besonderen Verein» gesammelt werden, und
3. wollte man für einen italienisch sprechenden Geistlichen besorgt sein.

Dieser wurde dann für die Dauer der Sommermonate in der Person eines Tessiners gefunden. – Eine vom KV organisierte Versammlung italienischer Arbeiter in der Burgvogtei wurde von etwa 150 Krakeelern mit dem Ruf «Evviva il socialismo» gestört, doch gelang es Feigenwinter, die Ruhe wieder herzustellen[200].

Unterdessen hatte sich ein «Verein junger Katholiken» gebildet, der sich als Ziel unter anderem die «Ausbildung fürs künftige politische Leben» gesteckt hatte. Sein Präsident beklagte die Lauheit und Gleichgültigkeit der 16–20jährigen[200a].

Am 14. Januar 1900 hielt der Sohn des Sigrists an der Marienkirche, der vielversprechende junge Jurist und Quartiervorstand Josef Knörr, im KV einen Vortrag über Japan, das er besucht hatte. Sein Name taucht verschiedentlich in den Protokollen auf, z.B. am 4. Februar 1900, verschwindet dann aber, denn Knörr trat schon 1903 der Sozialdemokratischen Partei bei. Bereits 1905 wurde er Grossrat und war es bis zu seinem frühen Tod 1912. Er blieb «auch nach dem Übertritt zur SP praktizierender Katholik gemäss der SP-Devise ‹Religion ist Privatsache›»[201].

Ein anderer Überläufer war Florentin Acker, «der früher ein ganz schwarzes U (Ultramontan) von der Nationalzeitung erhielt,… der früher auch einmal für den Proporz einstand, als er noch nicht Grossspekulant und Präsident des freisinnigen Quartiercomités war»[202].

Doch ein anderes Problem machte dem Auschuss viel mehr zu schaffen. Um die Jahrhundertwende war nämlich im Spalenquartier der katholische Männerverein «Eintracht»

Die Präsidenten des Katholikenvereins	
1870	Dr. Albert Siegrist-Oehninger
1871–1874	Franz Joseph Thierry-Roux
1875–1877	Peter Leuthardt
1878	Direktor Rudolf Ternetz
1879–1884	Peter Leuthardt
1884–1886	Eduard Binkert-Bohrer
1886–1890	Ernst Feigenwinter
1891–1893	Pfarrer Constantin Weber
1894–1896	Ernst Feigenwinter
1897–1899	Pfarrer Constantin Weber
1900	Dr. Eugen Wannier
1901–1902	Ernst Feigenwinter
1902–1921	Dr. Albert Joos

gegründet worden, ohne dass der KV um seinen Segen gebeten worden wäre. Feigenwinter sah die Gefahr einer Abspaltung und Auflösung des KV drohen und verlangte die Genehmigung der Statuten durch den KV und vor allem die Bestimmung, dass die Mitglieder der «Eintracht» eo ipso auch Mitglieder des KV würden. Dabei sah sich der junge Verein nicht als dessen Konkurrenz, denn die wenigsten seiner Mitglieder wollten zum KV und seien zudem meist Elsässer. Wie sollte sich der KV in der veränderten Situation verhalten? Es ging um die Frage der Zentralisation, denn Bestrebungen zu eigenständigen Vereinen lagen offenbar in der Luft. Und diese wollten sich, wie die «Eintracht», nicht bevormunden lassen. So trafen sich denn der Vorstand des KV und der «Eintracht»-Vorstand, und als Kompromiss genehmigte der KV die Statuten des neuen Vereins «in dem Sinne, dass jedes Mitglied zugleich Mitglied des KV werde». Doch die «Eintracht» wollte dem Wunsch des KV nicht Folge leisten, und resigniert meldet das Protokoll, man wolle «der Sache vorläufig ihren Lauf lassen»[203].

Gewiss ist, dass sich in den Statuten von 1911 die «Eintracht» als selbständige Sektion des KV Basel betrachtete und die Zentralstatuten des KV anerkannte[203a].

Im gleichen Jahr 1900 wurde der Jurist (und Schwiegersohn Gregor Stächelins) *Dr. Eugen Wannier* Präsident des KV.

Sein Vorgänger als Präsident von 1891–1893 und von 1897–1899 war der erste Pfarrer der Marienkirche, *Constantin Weber,* gewesen.

Wannier scheint sich mit Ernst Feigenwinter nicht besonders gut verstanden zu haben, jedenfalls wünschte dieser «mehr Leben in den Verein»[204]. Wahrscheinlich deshalb trat Wannier schon im November 1901 zurück. Bis zum 20. August 1902 war Feigenwinter wieder Präsident.

Sein Nachfolger, der den Verein und später die Partei bis 1921 präsidieren sollte, war der Jurist *Dr. Albert Joos* (1875–1948)[205].

Dr. Albert Joos (1875–1948) war lange Jahre Präsident des Katholikenvereins, der sich von 1905 an Katholische Volkspartei nannte, wenn es um Wahlen und Abstimmungen ging. Eines seiner Verdienste ist es, die Geschlossenheit seiner Partei gewahrt zu haben.

Joos wurde als Sohn einer der wenigen schon in Basel heimisch gewordenen katholischen Familien geboren. Nach seinen juristischen Studien trat er ins Advokaturbüro von Ernst Feigenwinter ein, wo er mit politischen und sozialen Problemen konfrontiert wurde. Von 1908 bis 1923 gehörte er dem Grossen Rat an; er wurde auch Mitglied des Weiteren Bürgerrats. Schon 1921 trat er vom Parteipräsidium zurück[205a].

Joos hatte anfänglich Bedenken; er nahm «mit Hinweis auf seine Jugend und Unerfahrenheit die Wahl nur mit Widerstreben» an. Gewählt worden war er an einer Generalversammlung, an welcher die Konsequenzen aus der sich anbahnenden Aufsplitterung des KV gezogen worden waren: Man gab sich neue Statuten. Diese hatte zweifellos noch Ernst Feigenwinter ausgearbeitet. Zielgruppe waren nun die im Gebiete des Kantons Basel-Stadt wohnhaften Katholiken, Zweck aber immer noch die Wahrung und Verteidigung der Interessen der Religion und der Kirche sowie der Rechte der katholischen Einwohnerschaft. Neu war aber die Gliederung in fünf Sektionen:

1. Sektion Aeschen- und Albanquartier
2. Sektion Steinen- und Stadtquartier
3. Sektion Spalen- und St. Johannquartier
4. Sektion Bläsi- und Riehenquartier mit Riehen und Bettingen
5. Sektion Horburgquartier mit Kleinhüningen.

Diese Einteilung entsprach weitgehend den Wahlquartieren; sie nahm nicht die Pfarreien als Grundlage, obwohl das Horburgquartier mit der St. Josephspfarrei (seit 1902) oder das Riehenquartier mit der St. Clarapfarrei zusammenfielen. Im Grossbasel gab es ohnehin erst die Marienpfarrei. (Grossbasel-West gehörte teilweise zu St. Joseph.) Pfarrer Weber hatte allerdings die Einteilung des Vereins in fünf Sektionen, «welche sich um die schon bestehenden oder noch in Aussicht zu nehmenden Pfarrkirchen gruppieren», empfohlen. Diese Sektionen hatten Mitspracherecht durch Vertreter in der Delegiertenversammlung (ein Abgeordneter pro 50 Mitglieder bzw. eine Bruchzahl von mindestens 25). Zu dieser Delegiertenversammlung gehörten auch die dem KV angehörenden Mitglieder des Grossen Rates sowie das Centralcomité, die Oberleitung des Gesamtvereins. Die Sektionen mussten in ihren Vorstand mindestens einen der hiesigen Geistlichen wählen. Dieser war meist Ehrenpräses oder Ehrenpräsident, «in Fragen katholischer Grundsätze ist sein Urteil entscheidend». Die Sektionen waren verpflichtet, dem KV als Gesamtverband die Beratung und Beschlussfassung aller wichtigen Angelegenheiten der kantonalen und eidgenössischen Politik sowie der RKG zu überlassen. Jedes KV-Mitglied wurde automatisch Mitglied einer Sektion, und umgekehrt. Diese Statuten waren in Kraft bis 1915[206].

Dass die neuen Statuten ihren Zweck völlig erfüllten, zeigt ein Satz aus dem Jahresbericht 1903[207]: «Wir glauben es diesem Umstande (Gliederung in fünf Sektionen, M.) zuschreiben zu müssen, dass viele in den Quartieren zerstreute Katholiken, welche mit unserem Vereine gar keine Fühlung mehr hatten, uns wieder näher gebracht worden sind und ferners auch, dass die Begeisterung und die Liebe für unsere Sache durch die rastlose Wirksamkeit der Sektionen in erhöhtem Masse sich geltend gemacht hat.»

D. Die Katholische Volkspartei 1905–1914

Das Jahr 1905 brachte für die Basler Katholiken, zumindest für die Schweizerbürger unter ihnen, eine entscheidende Wende. Mit einer ganz knappen Mehrheit war das Proporzwahlsystem angenommen worden. Erstmals waren nun die politisch interessierten Katholiken nicht mehr auf das Wohlwollen der Konservativen oder Liberalen, wie sie sich jetzt nannten, angewiesen, sondern konnten aus eigener Kraft versuchen, eine angemessene Vertretung im kantonalen Parlament zu erhalten.

In den 35 Jahren seit der Gründung des Katholikenvereins hatte sich das Gesicht Basels stark verändert. Grosse Wohnviertel waren entstanden, eine Strassenbahn verband die beiden Bahnhöfe, die Marien- und die Josephskirche waren gebaut worden. Zwischen 1870 und 1900 hatte sich die Bevölkerung von 50 000 auf 110 000 verdoppelt, und die Zahl der Katholiken war von 12 000 auf 37 000 gestiegen. Das war ziemlich genau ein Drittel der Einwohnerschaft. Allerdings war die Zahl der Ausländer gerade bei der katholischen Bevölkerung sehr gross: Von 45 448 Katholiken im Jahre 1910 (zu welchen man damals auch die über 4000 Christkatholiken zählte) waren nur 9833 Kantonsbürger. 10 403 waren «übrige Schweizer» und mehr als die Hälfte, nämlich 25 212, Ausländer. Viele Katholiken hatten vom neuen Einbürgerungsgesetz (19.6.1902) profitiert. Es brachte die unentgeltliche Aufnahme ins Basler Bürgerrecht für alle Nichtbürger unter 45, auch für Minderjährige, ob Schweizer oder Ausländer, sofern sie wenigstens 15 Jahre im Kanton wohnhaft waren. Es war dies «das billigste Einbürgerungsgesetz der Schweiz»[208].

Unter den Ausländern gab es zweifellos viele Italiener, welche die anhaltende Bautätigkeit nach Basel gelockt hatte, aber zur Hauptsache waren es wohl Deutsche. Viele davon kehrten zu Beginn des Ersten Weltkriegs, 1914, in ihre Heimat zurück, so dass die Zahl der Katholiken 1920 sogar etwas kleiner war als 1910[209]. Dass die Zahl der Katholiken nach 1900 ohnehin im Verhältnis zur Gesamtbevölkerung etwas zurückging, könnte auch aus der grossen Zahl der Mischehen zu erklären sein, in welchen die Kinder häufig protestantisch erzogen wurden.

Sozial gesehen, waren die Katholiken immer noch in der Unter- und Mittelschicht anzutreffen. Darüber gibt uns eine Untersuchung[210] Auskünfte. An der berufstätigen männlichen Bevölkerung betrug der Anteil der Katholiken lediglich 31%, davon waren überdurchschnittlich viel in der Industrie tätig. Im Baugewerbe waren fast ebensoviel Katholiken wie Protestanten beschäftigt. Im Handel und in Banken kamen auf 4349 Protestanten immerhin 1787 Katholiken, in Unterricht und Erziehung auf 620 Protestanten nur 84 Katholiken (Zahlen für das Jahr 1910).

20. Die Grossratswahlen von 1905–1914

Die Wahlen von 1905

Schon zwei Wochen nach der Proporzabstimmung trafen sich die Delegierten der verschiedenen Sektionen, um ihre Kandidaten-Aufstellung für die Wahl des neuen Grossen Rates im Mai zu beraten. Ernst Feigenwinter warnte vor zuviel Kandidaten, die Folge wäre «Uneinigkeit in der Partei». Anlass zu Beunruhigung gab eine Erklärung des bisherigen Grossrats Damian Meyer-Böhmler. Dieser «lehnt ab, auf einer katholischen Liste zu kandidieren. Bei diesem Vorsatz bleibt er, trotzdem ihm von Dr. Feigenwinter und Dr. Adam dringend abgeraten wird.»[211]

Meyer war nämlich Präsident des von der Sektion ‹Eintracht› abgespaltenen Männervereins Spalen, der eine eigene Liste aufstellte[211a]. – Feigenwinter hätte gerne einen Kandidaten «aus der Mitte unserer hochwürdigen Geistlichkeit» gesehen, doch die Pfarrer Doebeli, der Nachfolger Jurts, und Kaefer, Pfarrer von St. Joseph, weigerten sich ganz entschieden. Feigenwinter regte auch an, einen israelitischen Kandidaten auf die Liste zu nehmen, doch da erhob sich Widerspruch, «weil unsere Wähler nicht genügend für einen solchen Zug vorbereitet sind». (Die Israeliten verfolgten in Sachen Kultussteuern dieselben Interessen wie die Katholiken.)

In der Delegiertenversammlung vom 28. März wurden die Vorschläge der Sektionen bereinigt und diese verpflichtet, die Führer zu kumulieren, also dreimal zu schreiben. «Bezüglich der Benennung der Liste wird auf Antrag des HH. Pfarrer Kaefer der Name *Kath. Volkspartei* (Unterstreichung im Protokoll, M.) mit Hinzufügen des betr. Quartiers gewählt.» Es fand also keine Parteigründung statt, sondern für das Auftreten nach aussen, für politische Zwecke, nannte sich der KV nun Katholische Volkspartei. Infolgedessen war der Präsident des KV ebenfalls Präsident der Partei. Auf einem Beitrittsformular zur Kath. Volkspartei hiess es um 1911: «Der Unterzeichnete erklärt hiemit seinen Beitritt in den Katholikenverein.»[212] Der Name «Katholikenverein» blieb bis 1915 in Gebrauch, dann wurde er abgeändert in «Katholischer Volksverein». «Alle Mitglieder des Kath. Volksvereins Baselstadt, welche im Besitze des schweizerischen Aktivbürgerrechts sind», sind Mitglieder der Kath. Volkspartei Basel-Stadt, heisst es in den damals formulierten Parteistatuten, ferner: «Der Parteivorstand ist identisch mit dem Zentralvorstand des Volksvereins.»[212a] Von dieser Personalunion löste sich die Partei erst 1928.

Für die Regierungsratswahl wurde Enthaltung beschlossen.

Am 1. Mai, knapp vor den Wahlen, wurde den Delegierten erstmals ein Parteiprogramm vorgelegt, das sich in zehn Punkte gliederte[213]:

1. «Bessere Wahrung der volkswirtschaftlichen Interessen der Stadt Basel in der eidgenössischen Politik» (Eisenbahnwesen z.B.).
2. «Vermehrte Öffentlichkeit in der Staatsverwaltung». Man forderte freie Einsicht in das Steuerregister oder «Massregeln gegen den Einfluss der geheimen Gesellschaften auf die Staatsverwaltung». Dazu meinte das BV vom 6. April 1905: «Bekannt ist, dass die beiden Logen, sowohl die St. Jakobsloge wie die alte Loge

zum ‹Neuen Venedig›, es meisterlich verstehen, ihre Brüder in die Behörden hinein zu bringen.»
3. «Obligatorisches Referendum» bei grossen Ausgaben.
4. «Parität für die sämtlichen Konfessionen in der Mitwirkung und Teilnahme in der öffentlichen Verwaltung.» (Auf 39 Richterstellen kam nur ein Katholik, im Lehrkörper der Schulen waren nur 5% katholisch.)
5. «Abschaffung der gegen die Katholiken gerichteten Ausnahmsbestimmungen bezüglich der Unterrichtsfreiheit.» (Eine Nachwirkung der Aufhebung der kath. Schule vor gut zwanzig Jahren. Man forderte auch die Wahl der Schulinspektionen durch die Eltern.)
6. «Durchführung des Grundsatzes des Artikels 49 der Bundesverfassung.» (1905 wandte der Staat für die Kultuskosten der Evang. Ref. Kirche und der Christkatholiken 200000.– Franken auf, für den Unterhalt der kirchlichen Gebäude 250000.– Franken. Daran steuerten auch die Katholiken.)
7. Betraf verschiedene Steuer- und Liegenschaftsfragen.
8. «Sicherung der Spareinlagen» durch Beaufsichtigung der Banken.
9. «Ausdehnung und Verbesserung des Arbeiterschutzes.»
10. «Schaffung neutraler öffentlicher Berufsgenossenschaften» (ganz im Sinne von «Rerum Novarum»), «eines staatlichen Arbeitsamtes und beruflicher Schiedsgerichte.»

Nach eingehender Diskussion wurde dieses Programm angenommen.

Die Nominationen waren schon an der Wählerversammlung der KVP vom 7. April genehmigt worden, wobei Feigenwinter seiner Freude Ausdruck gab, dass «aus dem Katholikenverein eine eigentliche Partei, die Kath. Volkspartei, herauswächst»[214].

Ohne Zweifel war man nun gespannt, wie gross die Stärke der neuen Partei war. Die Zahl der Stimmberechtigten betrug 18608, rund zwei Drittel, 12382, schritten zur Urne, eine grössere Zahl als sonst bei Wahlen, wie in den Zeitungskommentaren hervorgehoben wird. Für die KVP gaben 1202 Wähler ihre Stimme ab, was zu zehn Sitzen reichte. Es ist anzunehmen, dass die Leitung der KVP enttäuscht war. Immer war ja vom katholischen Drittel der Stadtbevölkerung die Rede gewesen – und jetzt gab ziemlich genau ein Zehntel der Wählenden seine Stimme den katholischen Kandidaten. Wie stimmten wohl die übrigen Katholiken? Man muss sich vor Augen halten, dass nur etwa ein Drittel der Katholiken praktizierend war[215], und vom grossen Rest stimmte zweifellos eine grosse Zahl für die Sozialdemokraten, welche 3550 Stimmen und 38 Sitze erhielten[215a].

Enttäuschung klingt denn auch im Kommentar des BV durch, der zwar Freude über die zehn Sitze bekundet, aber anfügt « … wenn auch leider nicht alle unsere Wünsche in Erfüllung gegangen sind». Beklagt wurde vor allem, dass im Spalenquartier Dr. Joos nicht wiedergewählt wurde, sondern Damian Meyer. Viele Katholiken hatten offensichtlich dem «originellen und darum populären Zimmermeister» ihre Stimme gegeben[216]. Ein anderer prominenter Nichtgewählter war Gregor Stächelin, der diesmal bei der KVP kandidiert hatte.

Doch nun zu den Gewählten. Es waren dies (nach Alter geordnet):

Fernand Cuny-Elbel	1848	Weinhändler. Er stammte aus dem Elsass und wollte nach dem Krieg von 1870/71 nicht Deutscher werden.
Ernst Feigenwinter-Kym	1853	Jurist. Damit er sicher gewählt wurde, stellte man ihn im Horburgquartier auf.
Josef Arnet-Vogel	1854	Kaufmann, Spezereihändler
Carl Gutzwiller-Meyer	1856	Bankier
Albert Lumpert-Tanner	1858	Schuhhändler an der Eisengasse
Othmar Kully-Gutzwiller	1858	Jurist, Schwager von C. Gutzwiller. Kully hatte im Kanton Solothurn dem Kantonsrat angehört und brachte eine «reiche politische Erfahrung» mit. «Deshalb war er auch nicht im Grossbasel, sondern in Kleinbasel, wo seine Wahl sicherer erschien, aufgestellt worden.»[217]
Alfred Adam-Simon	1864	Arzt
Heinrich Amlehn-Züst	1868	Kaufmann (Leiter der Verkaufszentrale der Ofenfabrik Sursee). Bis zum 80. Altersjahr Strafrichter.
Camille Bauer-Judlin	1871	Elektrotechniker. Seine Eltern betrieben das Gasthaus zum Kreuz in Mariastein.
Emil Krummenacher-Stalder	1872	Wirt, gegenüber der Josephskirche.

Das Durchschnittsalter der zehn Grossräte war 45. Keiner war Staatsangestellter, diese waren fast alle freisinnig, keiner war Arbeiter, ein solcher hätte für die Grossratssitzungen kaum frei bekommen. Damals waren die katholischen Arbeitervereine erst in Entstehung begriffen. Zudem betrachtete man allgemein Feigenwinter als Arbeitervertreter[218].

Von den neu Gewählten verdient es einer, herausgehoben zu werden: der Bankier Carl Gutzwiller-Meyer. Wie Feigenwinter stammte er aus dem Birseck, wo sein Vater Regierungsstatthalter war. Nach Lehrjahren in Frankreich und Indien gründete er 1886 das Bankhaus Gutzwiller. Fünfzehn Jahre gehörte er der Vorsteherschaft an, 1903–1910 war er deren Präsident. Dem Grossen Rat gehörte er bis 1920 an; sein «Anzug Gutzwiller» leitete die Trennung von Kirche und Staat in Basel ein (s.u.). Von 1921–1928 war er Mitglied des Engeren Bürgerrats. Gross war sein Engagement für soziale und kulturelle Werke (z.B. Historisches Museum). Er starb 1928. – Auch seine Gattin Emilie muss hier erwähnt werden. Sie löste die erste Präsidentin der Basler Sektion des Mädchenschutzvereins, Frau Feigenwinter-von Blarer, ab und erreichte 1912 die Gründung des Schweiz. Katholischen Frauenbundes[219].

Die Wahlen von 1908

Diese Wahlen standen für die KVP schon ganz im Zeichen der Auseinandersetzung zwischen dem Staat und den Kirchen resp. der geplanten Neuordnung ihrer Verhältnisse.

Die wichtigste Forderung des «Anzugs Gutzwiller» war, dass die Katholiken mit ihren Steuern nicht mehr die Kultusbedürfnisse der Landeskirchen (Evang. Ref. Kirche und Christkath. Kirche) mitzubezahlen brauchten, ein Argument, das auch unpolitischere Katholiken überzeugte und an die Urne brachte. Anders lässt sich das Anwachsen der Zahl der katholischen Grossräte von zehn auf siebzehn kaum erklären.

Bezeichnenderweise steht der Grundsatz, «dass niemand Steuern bezahlen soll zu Kultuszwecken einer Konfession, der er nicht angehört», gleich unter Nummer 1 des Programms der KVP 1908–1911[219a]. Sonst unterscheidet es sich nicht wesentlich vom Programm von 1905. Auf einige Punkte hatte man verzichtet, so auf «Öffentliche Beratung des Zivilgerichts», auf «Freie Einsicht in das Steuerregister» oder auf «Abschaffung der Kosten des Wassers». Neu forderte man unter anderem
– eine staatliche Zentralstelle für die Beschaffung von Bureau-Utensilien, Drucksachen und Büchern,
– grössere Sparsamkeit auf allen Gebieten des Staatshaushalts,
– freie Wahl der Gewerkschaft (für Arbeiter, M.),
– Einführung einer staatlichen Invaliden- und Altersversicherung,
– staatliche Massnahmen zur Beschaffung billiger Wohnungen.

Für etliche dieser Postulate sollten sich katholische Grossräte in der folgenden Legislaturperiode stark machen (s.u.). Im BV wurden einige dieser Forderungen ausführlicher begründet; das Dilemma war ja, dass es galt, die Arbeiter bei der Stange zu halten und gleichzeitig die Gewerbetreibenden nicht zu verärgern. So wurde z.B. die «Zentralstelle» gefordert mit der Feststellung, es hätte sich im Laufe der Zeit eine Art «Hoflieferantentum» in der Verwaltung herausgebildet. Auch wollte man die Hauseigentümer von Strassenreinigungs- und Beleuchtungssteuern entlasten. Anderseits verlangte man eine angemessene Erhöhung der Besoldung der Beamten und Angestellten oder eine Erweiterung der Poliklinik, was alles im Interesse der Arbeitnehmer lag. Durch diese Taktik bildete sich die Gefahr, dass die Fraktion Wasser nach links und nach rechts tragen musste (s.u.).

Wiederum meldeten die Sektionen ihre Kandidaten an; zwei Bisherige traten zurück, nämlich F. Cuny und J. Arnet; Damian Meyer zog wiederum mit dem Männerverein Spalen und nicht mit der «Eintracht» ins Rennen. Das BV schlug eifrig die Werbetrommel, warnte in beredten Worten vor dem Panaschieren und liess ein pathetisches Gedicht «An die Katholiken!» erscheinen:

«Ihr Männer auf! Zur Urne all!
Zum Kampf der edlen Sache!
In Schaaren vorwärts an den Wall!
Der Starke und der Schwache!
Der Schlachtruf, der die Stadt erfüllt
Und mächtig drängt zur Letze
Und wie der Donner dröhnend schwillt
Heisst: Gleich vor dem Gesetze!» usw.

Neben den Bisherigen (der Wirt Krummenacher wurde nicht mehr gewählt) schafften zehn Neue den Sprung in den Rat:

Anton Eichkorn-Maurer	1851	Holzhändler
Gregor Stächelin-Allgaier	1852	Baumeister
Georg Schnurr	1854	Baumeister
Isidor Rey-Borer	1860	Kaufmann
August Disch-Jacek	1865	Eierhändler
Alfred Anklin-Martin	1870	Schreinermeister
Albert Joos-Stamminger	1875	Advokat
Richard Lachenmeier-Binzler	1876	Schreinermeister
Henry Cuny-Weingartner	1880	Kaufmann
Rudolf Niederhauser-Freivogel	1881	Dr. iur., Redaktor des BV

Neben dem Parteipräsidenten wurden auch gewählt der junge Rudolf Niederhauser (1881–1966) sowie Gregor Stächelin. Niederhauser sollte 1908 Verwalter (Direktor) des ACV und 1919 der erste katholische Regierungsrat werden. Stächelin wurde, wie er selber schreibt[221], «mit Hilfe der Handwerker und Gewerbetreibenden» gewählt. Er kandidierte nicht mehr beim Freisinn, weil diese Partei «ihren Einfluss nach meinem Dafürhalten auf zu weitgehende und das Gemeinwesen schädigende Weise ausgenutzt» hatte. Allerdings richtete sich auch die KVP – nach Stächelins Ansicht – «nach der Volksgunst» und beteiligte sich an der «Beutefeldzugspolitik». (Damit wird in diesem Zusammenhang wohl die Jagd der Parteien nach Wählern gemeint sein.) Deswegen geriet Stächelin oft auch mit der KVP in Schwierigkeiten – und die Partei mit ihm, wie noch aufzuzeigen sein wird.

Im BV zog man nach den Wahlen Bilanz, und man fragte sich, woher der Erfolg wohl komme. Man glaubte ihn in den Grundsätzen zu finden, aber auch in der unablässigen Arbeit der Fraktion in den vergangenen drei Jahren. Dazu seien Ungeschicklichkeiten der Gegner gekommen. So hätten die Freisinnigen in ihren Zeitungsartikeln, «namentlich aber in ihrem Zirkular zu den alten Waffen des Kulturkampfes»[222] gegriffen. Man gönnte ihnen ihre Niederlage, denn nun waren sie, die so lange die Mehrheit im Rat besassen, von der SP überrundet worden. – Den Erfolg verdankte die KVP offenbar auch der zielbewussten Arbeit in den Sektionen, die von einem zentralen Agitationskomitee überwacht und geleitet wurde. Die gezielte Aufklärung der Katholiken über das Wesen des Proporzes dürfte ebenfalls eine Rolle gespielt haben[223]. Die freisinnige NZ betrachtete den Erfolg der «ultramontanen Partei» – so nannte sie die KVP noch 1908! – als Resultat ihrer «beispiellosen Agitation». Die liberalen BN urteilten differenzierter. Auch sie sprachen zwar von «raffinierter Demagogie», meinten aber, die Katholiken hätten die ungelöste Kirchenfrage «weidlich ausgenützt», und glaubten schliesslich auch, bei den seit 1905 neu Eingebürgerten (es waren 1401) sei das katholische Element relativ stark vertreten.

Aber integriert waren die Katholiken immer noch nicht. Noch 1911 wird ein Gespräch zwischen zwei Schülern überliefert: «Bist du auch katholisch?» – «Nein, ich bin Basler»[225].

Die Wahlen von 1911

Für das Jahr 1911 hat sich ein Mitgliederverzeichnis des KV[226] erhalten, welches 1590 Namen, aufgeteilt in acht Männervereine (Riehen inbegriffen), enthält. Diese Vereine waren gleichzeitig Sektionen der Partei und entsprachen den neun Wahlquartieren, wobei der Männerverein St. Clara für das Riehen- und das Bläsiquartier, der Männerverein Stadt und Steinen für diese zwei Quartiere zuständig war. Die grösste Sektion war der Männerverein, der sich um die St. Josephskirche scharte: Horburg-Kleinhüningen, mit 315 Mitgliedern. Über das Alter gibt das Verzeichnis keine Auskunft, hingegen über die Berufe. Daraus könnte man schliessen, dass etwa ein Drittel der Mittelschicht angehörte, zumeist als Handwerksmeister (Schreiner, Schuhmacher, Bäcker, Coiffeur, Spengler etc.). Knapp zwei Drittel zählten wahrscheinlich zur Unterschicht (viele Farbarbeiter, Fabrikarbeiter, Handwerksgesellen, ferner Erdarbeiter, Müllerknecht, Briefträger, Fahrknecht, Nachtwächter, Ausläufer, Taglöhner usw.). In einem Büro arbeiteten 23 Männer, in gehobenen Berufen 11: Architekten, Geistliche, Fabrikanten, Geschäftsführer.

Allerdings wird diese Zuordnung zu einer Schicht relativiert bei einem Blick ins Register der Einkommenssteuer 1911[226a], wie er bei etwa fünfzig Berufsleuten möglich war. Da zeigt sich, dass vier Mitglieder keine Steuern bezahlen konnten, darunter ein Fabrikant, ein Schneidermeister und ein Schuhmachermeister. Sie verdienten offenbar weniger als 1200 Franken im Jahr. 17 verdienten bis 2000 Franken und bezahlten maximal acht Franken, 15 hatten ein Einkommen bis 3000 Franken. Ihre Steuer betrug höchstens 24 Franken. Nur 12 Männer verdienten mehr als 3000 Franken (Basis der Berechnung: verheiratet. Der Kinderabzug betrug einen Franken pro Kind). Zum Vergleich: Ein Schreiner hatte 1910 ein Einkommen von 2002 Franken, sofern er 52 Wochen arbeitete[226b].

Zu den Mitgliedern der Sektionen gesellten sich bei den Wahlen noch etwa 100–200 weitere Katholiken, so dass man mit etwa 1700 katholischen Wählern rechnen konnte, bei etwa 4000 katholischen Stimmbürgern. Dieser prozentuale Wähleranteil von ungefähr 40% der katholischen Stimmberechtigten sollte jahrzehntelang bestehen bleiben.

Das Programm für die Wahlperiode 1911–1914 deckt sich weitgehend mit demjenigen von 1908. Neu verlangt wird die Revision des Schul- und des Lehrlingsgesetzes, die Errichtung von Anlagen und Spielplätzen in den Industriequartieren, die Subventionierung von Arbeiter-, Fach- und Bildungskursen sowie das aktive und passive Wahlrecht für Arbeiterinnen bei den gewerblichen Schiedsgerichten und Einigungsämtern. An den Wahlen von 1911 beteiligten sich neu neben einer Demokratischen Partei, die leer ausging, auch erstmals die Fortschrittliche Bürgerpartei, die spätere Bürger- und Gewerbepartei. Sie brachte neben anderen auch ihren Chef in den Grossen Rat: den ehemaligen Präsidenten der RKG und das ehemalige KVP-Mitglied Dr. Emil Peter, den Vater des späteren Regierungsrats Dr. Carl Peter. In seinem Nachruf nennt ihn der «Basler Anzeiger» vom 3. Mai 1928 den «Repräsentanten der bürgerlichen ‹Reaktion›» sowie «den erklärten Antipoden des prominenten christlichsozialen Führers Ernst Feigenwinter». Es scheint nicht ausgeschlossen, dass diese neue Partei der KVP Stimmen von rechtsstehenden Katholiken weggenommen hat. Jedenfalls konnte die KVP 1911 nicht mehr zulegen, sondern eroberte, wie 1908 schon, und trotz der Teilnahme an der Regierungsratswahl, lediglich siebzehn Sitze, wie bisher. Nicht mehr gewählt wurden A. Lumpert (er hatte nicht mehr kandidiert), A. Eichkorn, G. Schnurr und Jakob Asch (dieser hatte schon 1909 A. Disch ersetzt).

Die vier Neuen waren der Arzt Dr. Albert Oesch, Kaspar Späni, Commis, der Schreinermeister Sebastian Billich und Alphons Münch, Mechanikermeister.

Walter Lüthi[227] gibt uns interessante Informationen zu Wählern und Gewählten:

Der theoretische Wähleranteil der KVP betrug 13,2% (1905: 10,3%). Die Altersstruktur der neuen Fraktion sah folgendermassen aus:

5 waren zwischen 30–40 Jahre alt,
5 waren zwischen 40–50 Jahre alt,
7 waren zwischen 50–60 Jahre alt,
15 waren Basler Bürger (aber nur von 6 waren schon die Eltern Basler),
2 waren Schweizer Niedergelassene,
6 katholische Grossräte waren Offiziere.

Beruflich waren 3 Advokaten, 1 Redaktor, 2 Ärzte, 5 Grosskaufleute, 1 Bankier, 4 Handwerksmeister, 1 öffentlicher Angestellter – also nicht gerade ein Spiegelbild der berufsmässigen Zusammensetzung der Partei.

Insgesamt waren 26 Grossräte katholisch, davon 5 bei der SP.

Aber für die KVP von ebenso grosser Bedeutung war die Teilnahme an der Regierungsratswahl. Als Kandidat kam nur Ernst Feigenwinter in Frage, der sich nach einigem Zögern (s. Kasten S. 92) für dieses aussichtslose Unterfangen zur Verfügung stellte. Denn ernstlich hatte, allen verbalen Beteuerungen zum Trotz, wohl niemand seine Wahl erwartet. Die Kandidatur von Feigenwinter wird wahrscheinlich zwei Gründe gehabt haben. Erstens wollte man damit mehr Schwung in die Grossratswahlen bringen. Und zweitens sollte der Proporzgedanke auch für die Regierungsratswahlen einmal mehr ins Spiel gebracht werden. «Uns Katholiken gebührt endlich einmal eine Vertretung in der Regierung. Dies anerkennt man freimütig in den weitesten Kreisen unserer Bevölkerung. Aber freiwillig gibt man uns diese Vertretung doch nicht. Wir müssen sie erkämpfen.»[228] Wieso gestand man den Katholiken diese Vertretung nicht zu? Offensichtlich waren die Katholiken und ihre Partei 1911 noch weit davon entfernt, von der Mehrheit der Stimmbürger ernst genommen zu werden. Noch immer waren sie die von Rom ferngesteuerten «Ultramontanen». «Die Aufforderung der NZ, die freisinnige Bürgerschaft möge dem ultramontanen Fanatiker den Eintritt in die Regierung wehren und den Ultramontanen den Zugang zu den Departementen verrammeln, wird noch lange in unserer Erinnerung haften bleiben. Ebenso der maliziöse Hinweis der BN auf die Direktiven via Rom, welche ein katholischer Regierungsrat erhalten würde», meinte das BV vom 16. Mai 1911. Eine reelle Chance hätte Feigenwinter wohl gehabt, wenn er von den Sozialdemokraten unterstützt worden wäre. Deshalb zeigte man sich enttäuscht, dass die

> **Regierungsratswahlen 1911 – Feigenwinter ziert sich.**
>
> ... Hierauf verliest der Herr Präsident (Dr. Joos, M.) ein Schreiben von Herrn Dr. Feigenwinter, laut welchem er geneigt wäre, unter folgenden Bedingungen eine Kandidatur anzunehmen:
> 1. Nachdem Herr Dr. Kully anlässlich der letzten Ersatzwahl als Kandidat förmlich aufgestellt worden ist, halte ich es für selbstverständlich, dass man ihn jetzt, wo die Chancen etwas günstiger sind, wieder vorschlägt. Das ist mein erster Antrag.
> 2. Sollte Herr Dr. Kully definitiv ablehnen, so schlage ich vor, eine unserer jungen Kräfte, Dr. Adam, Dr. Joos, Dr. Niederhauser oder Prof. Dr. Stückelberg ins Auge zu fassen. Bekanntlich ist ein Durchfall jungen Knochen weniger schädlich als alten.
> 3. Sollte aber keine der genannten Personen und auch sonst kein einziger Mann sich hergeben wollen, so bitte ich zu erwägen, dass ich im Anwaltsberuf bis jetzt meine Lebensaufgabe sah und darin auch meine Befriedigung und mein rechtes Auskommen fand, das Amt eines Regierungsrats würde mir alles das nicht in gleichem Mass bieten. Man erweist mir also, bei aller Achtung vor dem mir bezeugten Zutrauen und bei aller Anerkennung der Ehre eines solchen Vorschlags keinen Dienst, wenn man meine Kandidatur aufstellt.
> 4. Ist nun aber die Delegiertenversammlung der Meinung, dass meine Kandidatur dazu beitragen könnte, einen möglichst kräftigen Vorstoss zu führen und den Katholiken einmal auch den Weg zum Regierungstisch zu öffnen, so mag man es probieren. Ich will dann dieses Opfer bringen. Ich bemerke aber ausdrücklich, dass ich mir eine definitive Entscheidung über Annahme der Wahl durchaus vorbehalte ...
>
> Aus dem KV-Protokoll vom 17. März 1911

Sozialdemokraten Stimmenthaltung beschlossen hatten, die Partei also «nicht den Willen besitzt, dem theoretisch auch von ihr propagierten Prinzip des Regierungs-Proporzes praktisch zum Durchbruch zu verhelfen»[229]. Und nach der Niederlage Feigenwinters im zweiten Wahlgang (im ersten waren ausgerechnet die beiden freisinnigen Kandidaten nicht gewählt worden) wurde das BV[230] noch deutlicher: «Dass die sozialdemokratischen Parteimatadoren, in erster Linie die beiden Regierungsräte (es waren Wullschleger und Blocher, M.), den Beschluss auf Stimmenthaltung herbeiführen konnten, wirft ein eigentümliches Licht auf die Abhängigkeit dieser Partei von gewissen Parteigrössen.» Es scheinen antiklerikale und antikirchliche Affekte mitgespielt zu haben. «Angesichts dieser Umstände verzichten wir gerne darauf, auszurechnen, wie es etwa gekommen wäre, wenn die Sozialdemokraten die Stimmen freigegeben oder gar... die Kandidatur Dr. Feigenwinters unterstützt hätten», bemerkte das BV.

Tatsächlich war es nicht so lange her, dass sich Feigenwinter für die Wahl Wullschlegers eingesetzt hatte. Und wie hätten sich die Katholiken während des Landesstreiks 1918/19 wohl verhalten, wenn ihr Kandidat dank der Unterstützung der SP Regierungsrat geworden wäre? Wären sie wohl auch so vehement nach rechts abgedriftet und hätten sich deswegen das Wohlwollen der Liberalen und des Freisinns erworben?

Die Wahlen von 1914

Alle etwaigen Spekulationen auf eine Unterstützung durch die Sozialdemokratie hatten sich drei Jahre später in Luft aufgelöst. Die KVP fühlte sich von Gegnern umringt, «allen voraus eilen die Sozialdemokraten mit ihren Knüppeln auf uns los und hauen mit fanatischem Hasse auf uns ein», stand im BV vom l. Mai 1914. Stein des Anstosses war die Forderung der Katholiken, der Religionsunterricht möge neu gestaltet werden, d.h. der neutrale, konfessionslose Bibelunterricht solle abgeschafft und durch Religionsstunden ersetzt werden, die durch Religionslehrer der betr. Konfession während der Schulzeit und im Schulzimmer erteilt würden. Der Freisinn seinerseits behauptete, die KVP würde Geistliche in den Wahlkampf schicken, während die Liberalen «bereits Angst vor einer Beherrschung des Kantons durch Katholiken und Sozialdemokraten» hätten. «Ringsum Feinde!» meinte das BV. «Aber wir fürchten uns nicht.»

Das Programm 1914–1917 glich in den meisten Punkten demjenigen von 1911. Aber es waren doch wieder einige neue Postulate dazugekommen, so die «politische Wiedervereinigung von Baselstadt und Baselland». Im Abschnitt IV wurde die «Abwehr eines ungesunden Staatssozialismus» verlangt: «Eine Verstaatlichung ist überall da abzulehnen, wo der privatwirtschaftliche Betrieb ohne soziale Gefährdung den Anforderungen des wirtschaftlichen Gesamtwohls zu genügen vermag.»

Weiter forderte man «Strafbestimmungen gegen Empfehlung und Vertrieb konzeptionsverhindernder Mittel», ferner «bessere Handhabung der Strassenpolizei in Bezug auf den Automobilverkehr».

Wie schon oft, lag der KVP der Mittelstand besonders am Herzen, seine wirtschaftliche Lage sollte verbessert werden. Auch die gewerkschaftlichen Monopolbestrebungen wurden kritisiert und ein freies Koalitionsrecht verlangt.

Für den Wahlkampf, erstmals in den noch heute bestehenden drei Wahlbezirken für die Stadt, hatte man wieder die Sektionen mobilisiert. «Der KVP muss man es lassen: Sie versteht sich auf die Propaganda», meinte anerkennend die NZ[231]. Doch es reichte zu nicht mehr als den bisherigen siebzehn Sitzen. Wahrscheinlich hatte die forsch auftretende Bürgerpartei wiederum Stimmen von Katholiken erhalten. Sie eroberte ebenfalls siebzehn Sitze (1911: sechs). Für die nicht mehr gewählten Dr. Adam und J. Rey (beide kandidierten nicht mehr), R. Lachenmeier, S. Billich und A. Münch kamen neu in den Grossen Rat der Postbeamte und spätere Nationalrat Max Zgraggen, der Advokat Dr. Arnold Silbernagel, Staatsanwalt Dr. Franz Freuler, der Landwirt Alois Stebler und Anton Auf der Maur, Redaktor des BV.

Die Fraktion setzte sich nun zusammen aus sechs Juristen, acht selbständig Erwerbenden (Kaufleute, Handwerksmeister) und drei Arbeitnehmern.

Weitaus spannender als die Grossratswahlen verliefen aber die Regierungsratswahlen. Da 1914 der angesehene Dr. Paul Speiser, liberal, zurückgetreten war, galt es, einen Sitz neu zu besetzen, auf den natürlich die Liberalen mit Dr. Miescher Anspruch erhoben. Daneben aber kandidierten für die Demokraten Polizeiinspektor Müller und für die KVP, die nun beinahe die Stärke der Liberalen erreicht hatte, wiederum Dr. Ernst

An die katholischen Stimmberechtigten!

Werte Mitbürger!

Die Großratswahlen stehen wieder vor der Türe und wir gelangen mit dem dringenden Appell an Euch, Euere Stimme der

Liste V der katholischen Volkspartei

zu geben.

Katholische Mitbürger!

Wollt Ihr daß unsere katholische Volkspartei auch künftig in der Lage ist, in der Politik allen freidenkerischen Tendenzen gegenüber Euere Prinzipien mannhaft und entschieden zu vertreten;

Wollt Ihr daß insbesondere die aktuelle Frage des Religionsunterrichtes in der Volksschule in einer den katholischen Bedürfnissen entsprechenden Weise geregelt wird, durch Abschaffung des konfessionslosen Bibelunterrichts und Ermöglichung des konfessionellen Religionsunterrichts im Rahmen des normalen Schulplanes;

Wollt Ihr daß wir Katholiken im Basler Gemeinwesen nicht nur die theoretische, sondern auch die praktische Gleichberechtigung haben und bei der Besetzung der Staats- und Lehrerstellen, in den staatlichen Kommissionen und Inspektionen gebührend berücksichtiget werden;

Wollt Ihr daß in unserem Staate ein vernünftiges Sparsystem eingeführt wird, ohne Benachteiligung der Staatsangestellten;

Wollt Ihr daß ohne Klassenkampf und Klassenhaß, für den Mittelstand und Arbeiterstand gleichmäßig gesorgt und jedem das Seine zugesprochen wird, wie Recht und Billigkeit das verlangen,

so tretet geschlossen und einmütig ein für die umstehend verzeichneten Kandidaten der katholischen Volkspartei.

Legt die Liste (V) der katholischen Volkspartei unverändert in die Urne!

Aufrufe für die Wahlen von 1914.

Feigenwinter. Im ersten Wahlgang erreichte nur der parteilose Fritz Mangold das absolute Mehr, die andern Kandidaten mussten sich einer Stichwahl unterziehen; Müller verzichtete.

Die Sozialdemokraten konzentrierten sich ganz auf ihre beiden Regierungsräte Wullschleger und Blocher, die Freisinnigen auf Aemmer und Stöcklin. Dieser passte nun den Liberalen nicht mehr, er war als Person umstritten. Deshalb stellten die Liberalen eine Fünferliste auf: den unbestrittenen C. Chr. Burckhardt, Miescher, Wullschleger und Blocher, und als einzigen Freisinnigen Aemmer. Dies brachte die Freisinnigen aus dem Häuschen; kurz vor dem Wahltermin meinte die NZ, offenbar «sollte Stöcklin zugunsten von Dr. Feigenwinter gesprengt werden»[232], und sie rief dazu auf, Miescher keine Stimme zu geben. In einem «Eingesandt» wurde darauf hingewiesen, dass die KVP die beiden Freisinnigen auf ihre Liste genommen hatte. Darum, so der Schreiber, «seien daher auch wir loyal, indem wir Herrn Dr. Feigenwinter unsere Stimme zuwenden». Das wiederum versetzte die Liberalen in helle Aufregung. Ihr Kandidat Miescher war nun ernstlich bedroht, und Feigenwinter hatte erstmals eine reelle Chance, Regierungsrat zu werden. In letzter Minute, am Samstagmorgen, lancierten sie Flugblätter und mobilisierten den bewährten Katholikenschreck. «Protestantisches Basel habe Acht!» hiess es da in altem Kulturkampfstil (vgl. Kasten S. 98). In derselben Sprache hatte schon am 9. Mai der dem Gewerbe nahestehende «Basler Anzeiger» versucht, Feigenwinter unmöglich zu machen. Es könne, hiess es da, wie in Deutschland geschehen, auch bei uns der Fall eintreten, dass Feigenwinter nach Weisungen handle, die «beispielsweise der Pfarrherr der Heiliggeistkirche, Herr Pfarrer Robert Mäder, erteilt oder approbiert hat». (Pfarrer Mäder hatte offenbar schon damals den Ruf eines konsequenten Integralisten.) Der Schreiber des Artikels meinte, die NZ empfehle Feigenwinter zur Wahl und würde so «die Basler Freisinnige Partei vor der ganzen Eidgenossenschaft blamieren». – Das BV berichtete auch von einem Blättlein, das im Kleinbasel verteilt worden sei und in welchem unter anderem stand: «Sitzt Dr. Feigenwinter einmal in der Regierung, so wird er an Rom denken und nicht ans Kleinbasel.»[233]

Diese Aktionen in letzter Stunde hatten Erfolg, denn Feigenwinter unterlag Miescher mit 3929 gegen 4896 Stimmen.

Im Wahlkommentar vom 12. Mai 1914 bedauerte das BV, dass «die Partei des guten, alten Basel, der Intelligenz und des Besitzes... zu der banalsten konfessionellen Hetze griff, um nicht einen Teil ihres Besitzes der Katholischen Volkspartei abtreten zu müssen!» Kühler urteilte der «Vorwärts» vom 12. Mai. Er war der Ansicht, Feigenwinter wäre gewählt worden, wenn er etwa zehn Jahre jünger wäre.

Tatsächlich war 1914 Feigenwinter schon 61. Es war das letztemal, dass er als Regierungsrat aufgestellt wurde. 1915 zog man mit Dr. Hans Abt, 1917 mit Dr. Rudolf Niederhauser ins Rennen. Auch erfolglos. Erst nach dem Generalstreik, nachdem die KVP sich als solid rechtsstehend und bürgerblocktreu erwiesen hatte, kam sie, in der Person Niederhausers, zu einem Vertreter in der Regierung.

An die Stimmberechtigten des Kantons Basel-Stadt!

Werte Mitbürger!

Warum stimmen wir bei den Stichwahlen für den Regierungsrat für Herrn

Dr. Ernst Feigenwinter

und nicht für Herrn Dr. Miescher?

1. Man kennt Herrn **Dr. Miescher** als schneidigen Offizier und schneidigen Konkurs- und Betreibungsbeamten. Da mag er am rechten Platze sein, aber „prädestiniert" zur Regierung sind solche Männer deshalb noch nicht.

2. **Die Liberale Partei** hat nur wenige hundert Stimmen mehr hinter sich, als die katholische Volkspartei.

Ist es recht, daß diese Partei, die ja überdies noch in Regierungsrat Mangold einen Mann ihres Vertrauens erblickt, durch weitere zwei Regierungsräte, die katholische Volkspartei aber gar nicht in der Regierung vertreten sei?!

3. Dr. Miescher ist ein junger Mann, der überhaupt erst seit drei Jahren dem Großen Rate angehört und während dieser Zeit parlamentarisch sich kaum bemerkbar gemacht hat. **Dr. Feigenwinter** hat eine zwanzigjährige Tätigkeit im Großen Rate und eine reiche Erfahrung hinter sich.

Je und je hat er sich der Interessen des **Mittelstandes** und des **arbeitenden Volkes** angenommen. Unsere Mittelständler erinnern wir an seine energische **Tätigkeit im Hausbesitzerverein**, an seine Verdienste um die **Revision des Straßenkorrektions-**gesetzes und insbesondere auch an seinen **Kampf gegen die Sonderbesteuerungen** der Hausbesitzer.

Das gleiche Interesse brachte er aber auch stets dem **Arbeiterstande** entgegen. Er war es, der die **Interessen** desselben stets **gegen Wucher und Ausbeutung** zu wahren unternahm und schon in den neunziger Jahren bei Beratung des Börsengesetzes **gesetzliche Maßnahmen zum Schutze der Sparkassengelder** gegen Börsenspekulanten verlangte; er war es, der noch in jüngster Zeit den bekannten **Bankier Bauder** rechtzeitig am Kragen packen wollte.

4. Was hat **Dr. Feigenwinter** in seiner vierzigjährigen politischen Tätigkeit sodann nicht an positiver Arbeit für die Arbeiterschaft geleistet? Selbst aus kleinbäuerlichen Verhältnissen hervorgegangen, stand er auf Seiten des arbeitenden Volkes, als die sozialdemokratische Partei in Basel noch keine Rolle spielte, und als es noch Mut brauchte, für Sozialreform einzustehen.

Seit 25 Jahren gehört **Dr. Feigenwinter** ununterbrochen dem Vorstand des **Schweizerischen Arbeiterbundes** an, wo er an so manchen Arbeitstagen für Erweiterung der Haftpflicht, für Verbesserung der Fabrik- und Gewerbegesetzgebung, für eine nicht bürokratische Kranken- und Unfallversicherung, für Unterstützung der freien Krankenkassen und eine Reihe anderer sozialer Postulate, namentlich auch für den **Schutz des Koalitionsrechtes** der Arbeiter eingetreten ist.

5. **Dr. Feigenwinter** ist in Anbetracht seiner Verdienste um die Sozialreform seit 1900 fast ständiger Vertreter der Schweizerischen Sektion der Internationalen Vereinigung für gesetzlichen Arbeiterschutz und gegenwärtig Mitglied des Bureaus dieser Vereinigung. In dieser Vereinigung hat er mit größtem Erfolge die Gleichberechtigung der Inländer und Ausländer im Versicherungsrecht verfochten.

Und wie manchem unfälligen, verunglückten Arbeiter und wie mancher durch Verlust eines Gliedes geschädigten Arbeiterfamilie hat er seit seiner fünfunddreißigjährigen Anwaltstätigkeit zum Recht verholfen?

6. Und wem verdanken wir es in Basel, daß wir zu einem segensreich wirkenden Gesetz über das **Einigungsverfahren** und zur jetzigen Form der **obligatorischen Krankenversicherung** gekommen sind? Nächst der sozialdemokratischen Fraktion doch vorzugsweise Herrn **Dr. Feigenwinter** und seiner Fraktion.

7. Man schilt Dr. Feigenwinter einen fanatischen Ultramontanen. Er ist ein überzeugter, praktizierender Katholik und machte daraus nie ein Hehl. Aber wo hat er je die Ueberzeugung anderer verletzt? Trat er seinerzeit nicht ebenso tapfer für die **Heilsarmee** ein, als sie noch verachtet und verfolgt war, wie für seine eigenen Glaubensgenossen?

Ein solcher Mann gehört in die Regierung!

Es wäre ein Akt der Intoleranz, der Ungerechtigkeit gegen die Katholiken Basels, wenn man jetzt, wo uns die katholische Volkspartei einen bewährten Staatsmann vorschlägt, sie zurückweisen und unverdientermaßen einem Drittel unserer ganzen Bevölkerung vor den Kopf stoßen würde. Wir dürfen daher wohl erwarten, daß **Gerechtigkeitssinn und Klugheit die Stimmberechtigten Basels veranlassen werden,** Herrn

Dr. Ernst Feigenwinter

in die Regierung zu wählen.

Das Centralkomite
der katholischen Volkspartei.

Rotationsdruck des Basler Volksblatt.

☞ Ein Wahlmanöver
☞ in letzter Stunde

Am Freitag Abend hat sich die freisinnige „National-Zeitung" vor den ultramontanen Karren gespannt: sie fordert ihre Leser auf, **für Dr. Feigenwinter zu stimmen.** Sie tut dies in verblendetem Hass, um den Sieg **Dr. MIESCHERS** zu verhindern, der letzten Sonntag vor den andern neuen Kandidaten weit im Vorsprung war, und sie tut dies, obwohl sie noch am 2. Mai die Ziele der Partei, deren unbestrittener Führer Dr. Feigenwinter ist, „**direkt staatsfeindlich**" genannt hat.

Protestantisches Basel habe Acht!

Das einzige Mittel, die von der „National-Zeitung" befürwortete Wahl von Dr. Feigenwinter zu verhindern, ist jetzt

geschlossen für Dr. Miescher zu stimmen.

Freisinnige, die ihr an die ehrenvolle Vergangenheit Eurer Partei denkt, protestantische Wähler aller Parteien! Legt Euch eine Frage vor, die noch vor acht Tagen **die gleiche „National-Zeitung"** an ihre Leser richtete: Sie lautete:

> „**Was wird wohl folgen, wenn Herrn Dr. Feigenwinter als kathol. Regierungsrat seine Glaubensgenossen in den Daunen des Staates mollig gebettet haben werden?**"

Und wenn Ihr diese Frage in Euerm Innern beantwortet habt, dann stimmt wie **ein Mann** für

Dr. Rudolf Miescher

Viele Basler Protestanten.

21. Nationalrats- und Gerichtswahlen

Sowohl 1905 als auch 1911 beteiligte sich die KVP an den *Wahlen in den Nationalrat*. 1905 war Ernst Feigenwinter der Kandidat. Sein Programm legte er am 27. Oktober, in einer Rede vor einer Wählerversammlung in der Burgvogtei, dar. 600 Männer waren erschienen, «der hochwürdige Klerus», die «stramm aufmarschierende Arbeiterschaft, die Leute aus dem Kaufmannsstande, vom Handel und Gewerbe», die Alten, «Sturmerprobten, die hoffnungsfrohe Jungmannschaft und der Akademiker flotte Schar!»[234] Feigenwinter kritisierte, dass der Bundesrat den aus Frankreich ausgewiesenen Kongregationisten in der Schweiz kein Asyl gewähre. Auch wollte er christliche Grundsätze ins neue Zivilrecht einfliessen lassen und beabsichtigte, die Kranken- und Unfallversicherung voranzutreiben. Er wehrte sich ferner gegen die Behauptung, die Grossratsfraktion habe den Streik der Strassenbähnler gebilligt (s.u.), was natürlich die Liberalen und Freisinnigen verärgert hatte. «Wir brauchen diese Gemeinschaft (mit den beiden Parteien, M.) nicht», rief er unter «lebhaftem, anhaltendem Beifall». Auf Stimmen von dieser Seite war also nicht zu hoffen. Denn «die Partei Feigenwinters existiert nicht für uns, denn sie hält es mit den Arbeitern», schrieben die BN[235]. Von der SP allerdings kamen nun auch keine Stimmen, sie konzentrierten sich auf ihre eigenen Kandidaten. Feigenwinter hätte zwar gerne die SP unterstützt, auch «Kully will lieber noch einem Sozialdemokraten als einem Kulturkämpfer seine Stimme geben», doch Niederhauser und andere warnten vor einem Bündnis mit der SP, das würde nur die Liberalen und Freisinnigen zu einem Bündnis zusammentreiben[236].

In der Folge erhielt Feigenwinter etwa 1700 Stimmen – die Stimmen der Katholiken. Er kandidierte für den zweiten Wahlgang nicht mehr.

Bei den Wahlen von 1911 waren erstmals sieben Nationalräte zu wählen, und man konnte wieder Hoffnung schöpfen. Aufgestellt wurde nun Dr. Albert Joos, der Präsident des KV und der KVP. Feigenwinter wollte nicht kandidieren, er hielt das Unterfangen wahrscheinlich für hoffnungslos, da nicht weniger als zehn Kandidaten sich um die sieben Sitze bewarben. Ursprünglich hatte man wohl auf die Unterstützung der proporzfreundlichen Sozialdemokraten und Liberalen gehofft, doch bald zeigte sich, dass diese nicht interessiert waren[237].

Da im ersten Wahlgang niemand das absolute Mehr erreichte, glaubte man, für den zweiten einen Kompromiss mit den Liberalen erreichen zu können, doch auch daraus wurde nichts. Unterstützt wurde Joos nur durch die kleine Demokratische Partei. Die KVP stellte eine gebrochene, d.h. nicht vollständige Liste auf und empfahl neben Joos die zwei Sozialdemokraten (vielleicht hoffte man trotz allem noch auf Sukkurs von links), und je einen Freisinnigen und Liberalen. Zwar wurde die Wahl für die KVP zu einem erneuten Misserfolg, doch unentwegt schrieb das BV: «Munter geht es vorwärts und so Gott will, wird in kurzer Zeit eine starke KVP von Basel, die gleich angesehen ist wie alle übrigen baselstädtischen Parteien, existieren.»[238] Im übrigen tröstete man sich, dass «diese Majorzwahlen mit all ihren hässlichen Nebenerscheinungen» kaum eines langen Kommentars wert seien. Es sei notwendig, «mit dem veralteten Majorzverfahren auch endlich einmal bei den Nationalratswahlen abzufahren».

1907 war ein *Zivilgerichtspräsident* zu wählen. Die KVP hatte einen fachkundigen, tüchtigen Kandidaten, Dr. Hans Abt. «Wir dürfen nicht Hand dazu bieten, dass unsere Rechtssprechung in reaktionäre, ultramontane Hände kommt.» «Dr. Abt geht durch Dick und Dünn mit Dr. Feigenwinter.» «Wir wollen keine Zöglinge des Herrn Dr. Feigenwinter in unserem Gerichte – am Gericht können wir keine Charlatanerie brauchen.» So tönte es aus den freisinnigen Blättern laut BV vom 30. Juni 1907. Die beiden Gegenkandidaten scheinen aber die notwendigen Qualifikationen nicht mitgebracht zu haben; jedenfalls wurde Abt von den Sozialdemokraten unterstützt und im zweiten Wahlgang auch gewählt, mit einer Stimmenzahl von 1816, bei einer schwachen Stimmbeteiligung, aber offenbar doch mit SP-Hilfe, denn noch kurz vor der Entscheidung forderten «mehrere Sozialdemokraten» in Inseraten im «Vorwärts» ihre Parteifreunde auf, ja für Abt zu stimmen[239]. Soviel rote Solidarität mit einem schwarzen Kandidaten machte die BN nachdenklich[240]. Dieser Zusammenschluss «rieche nach mehr», schrieb sie, er könnte zur ständigen Institution werden. Jetzt habe es nur ein gemeinsames Flugblatt gegeben, später würden wohl eigentliche Kompromisse eingegangen, und schliesslich «gelangt man vielleicht… zu einer dauernden Allianz auf Kosten des bürgerlichen Basel». Und was schlimm war: zur selben Zeit war es zu ernsten Unstimmigkeiten zwischen den Liberalen und dem Freisinn gekommen. Das BV beruhigte das Schwesterblatt schon am 3. Juli: «Die Katholische Volkspartei und die Sozialdemokratische Partei sind einander durch den letzten Wahlkampf um kein Haar breit näher gerückt. Jede dieser Parteien wird nachher wie vorher fragen, was sich mit ihren Grundsätzen vereinbare, und nur wenn beide selbständig zum gleichen Ergebnis kommen, ist ein Zusammengehen denkbar. Dieser Fall dürfte ziemlich selten sein.» Das Bemühen, die Skeptiker im eigenen Lager zu beruhigen, ist offensichtlich.

Dr. Hans Abt wurde 1924 Appellationsgerichtspräsident.

22. Aus der Tätigkeit der Fraktion 1905–1914

Am 18. Mai 1905 eröffnete der Alterspräsident des Grossen Rates, Prof. Hagenbach-Bischoff, der dem Rat seit 1867 angehörte, die Sitzung. Zum erstenmal war der Grosse Rat aufgrund «seines» Proporzgesetzes gewählt worden. Er beleuchtete die Bedeutung der einzelnen Fraktionen und meinte: «Bei der Katholischen Volkspartei könnte man sich vielleicht fragen, warum sie in das öffentliche Leben eingetreten sei. Wenn man sich aber an die Kämpfe der 80er Jahre erinnert und an die Aufhebung der katholischen Schulen, so wird man verstehen, warum die Katholiken im Grossen Rat nun selbst mitreden wollen», und er wünschte ihnen, sie möchten auch gute Schweizer und gute Basler sein[241].

Das positiv zu beweisen, oblag nun der kleinen Fraktion. Dass man ihr fachliches

Können zubilligte, zeigte die Wahl C. Gutzwillers in den Bankrat am 8. Juni. In derselben Sitzung brachte Feigenwinter eine Motion ein, in der er den Regierungsrat aufforderte, zu prüfen und zu berichten, «ob und durch welche gesetzlichen Massregeln sowohl Arbeitnehmer als Arbeitgeber vor derartigen (es ging konkret um den Bauhandwerkerstreik, M.) Streikbewegungen geschützt werden können». Ebenfalls zu einem Streik – jetzt waren es die Strassenbahner – äusserten sich die Katholiken ein halbes Jahr später. Feigenwinter verteidigte die Streikenden, sie seien keine Rebellen, und der Staat als Arbeitgeber keine neutrale Instanz. Amlehn beantragte, die Regierung solle Vorschläge über Vermeidung und Beurteilung von Streiks von Staatsangestellten unterbreiten. Dieser Antrag wurde zwar abgelehnt, doch schienen die beiden Vorstösse hinter den Kulissen ihre Wirkung getan zu haben. Auf jeden Fall liegen hier die Wurzeln zum ständigen staatlichen Einigungsamt, das später bei Streiks zuerst zum Zuge kam.

Über einen Antrag Feigenwinter und Konsorten referierte jedenfalls der Initiant im Herbst 1905 vor dem KV[242]. Seit 1897 bestehe ein Gesetz über ein staatliches Einigungsamt. Gemäss diesem Gesetz dürfe sich die Regierung in den Streit der Parteien einmischen, deren Klagen anhören und eine Verständigung versuchen. Würden aber die Parteien hartnäckig auf ihren Forderungen beharren, so nehme das Einigungsamt ein Protokoll auf, und damit sei die Sache für die Regierung erledigt. «Ein Mangel des Gesetzes ist in erster Linie, dass keine Bestimmungen existieren, wer vom Einigungsamt als Vertreter der Parteien, namentlich der Arbeiter, anzuerkennen ist…Unrichtig ist es auch, dass eine politische Behörde, ein Regierungsrat, die Verhandlungen als Vermittler leitet. Dieses Amt sollte in die Hände eines politisch völlig unabhängigen Mannes gelegt werden…Sodann müssen *alle* Arbeiter zu den Entscheidungen über Streik oder Verständigung herbeigezogen werden. Aber nicht nur ein Einigungsamt ist nötig; den streitenden Parteien muss ein Urteilsspruch gegeben werden, der den Streit endgültig erledigt. Unser Recht muss die Möglichkeit solcher Urteilssprüche schaffen.» Soweit Ernst Feigenwinter. Der Regierungsentwurf für ein Einigungsamt kam am 12. Mai 1910 in die Kommissionsberatung. Feigenwinter wurde Präsident dieser Kommission. Am 9. November 1911 wurde das Gesetz in zweiter Lesung einstimmig angenommen.

Im Oktober 1905 interpellierte Kully die Regierung betreffend Staatsbeiträge an die Kultuskosten der RKG. Es war dies die erste von zahlreichen Interventionen zum Verhältnis von Staat und Kirche. Dieses wird im folgenden Kapitel genauer behandelt werden. Es macht ohnehin wenig Sinn, jede einzelne Wortmeldung eines katholischen Grossrats zu registrieren. Darum seien hier nur die bedeutenderen Auftritte erwähnt. Wer ergriff am häufigsten das Wort? Während der Periode 1905–1908 waren das eindeutig Feigenwinter und in geringerem Masse Kully und Gutzwiller, für medizinische oder schulpolitische Fragen Dr. Adam.

Dieser regte zum Beispiel in einem einstimmig angenommenen Antrag (25. April 1906)[243] die Erhöhung der Zahl der Schulärzte an. In einer ausführlichen, historisch weit ausholenden Begründung führte er unter anderem aus: «Eine intensivere hygienische Überwachung der Schulen hat eine hervorragend soziale Bedeutung. Die arbeitende

Klasse wird am meisten von dieser Einrichtung Segensreiches erfahren... Die armen Kinder entbehren eben sehr oft neben der nötigen Nahrung meistens der um die Gesundheit sorgenden Mutter, da die Eltern genötigt sind, vom frühen Morgen an dem Erwerbe nachzugehen. Die schulärztliche Visitation soll hier vicarierend eintreten.»

Auch forderte Dr. Adam eine kantonale Alters-, Invaliden-, Witwen- und Waisenversicherung (13. Dezember 1906). Finanziert werden sollte das Ganze durch den Reinertrag der Kantonalbank. Als Hygieniker lehnte er den Bau einer Badeanstalt am Riehenteich ab (16. Januar 1908).

Nach den Wahlen 1908 wurde Kully Mitglied des Büros (das Büro des Grossen Rates bereitet dessen Geschäftsordnung vor), Joos kam in die Rechnungskommission, Feigenwinter wurde Mitglied der Prüfungs- und Petitionskommission. Adam wurde der erste katholische Erziehungsrat. So wirkte sich die Erhöhung der Mandate aus.

Deutlich machte sich in der Fraktion die Anwesenheit Gregor Stächelins bemerkbar. Meist meldete er sich bei Finanzfragen zu Wort, meist fand er die Staatsausgaben zu hoch und die Staatsverwaltung ineffizient. Sein Ratschlag: Sparen! «Der ganze (Staats)Haushalt sollte von Grund aus revidiert und rücksichtslos alles Überflüssige ausgemerzt werden», rief er am 25. Januar 1912 in den Ratssaal.

Übrigens zeigte sich auch Feigenwinter sehr skeptisch gegenüber der Staatsverwaltung. Nicht umsonst kritisierte das Programm der KVP immer wieder die Vetterliwirtschaft. Zum Beamtengesetz meinte Feigenwinter am 17. Juni 1909, man dürfe nicht aus «Staatsanstellungen eine Versorgungsanstalt» machen. So sehr er sich im sozialen Bereich von Stächelin unterschied, hier waren sich die beiden ausnahmsweise einig. Für Feigenwinter war der Beamtenapparat auch zu undurchsichtig. Er bemängelte zum Beispiel das «unglückliche System der Heimlichtuerei» (9. Juni 1910).

Natürlich setzte sich die Fraktion immer wieder für die Verwirklichung der Programmpunkte ein, so Cuny für die Abschaffung der Beleuchtungssteuer der Hausbesitzer, oder Adam für eine staatliche Zentralstelle für Büromaterial.

Daneben kümmerte man sich auch um andere Anliegen. Niederhauser setzte sich für eine Tramlinie ins Gundeldingerquartier ein, Adam verlangte ein Krankenauto statt des bisherigen Wagengespanns, er forderte auch die Erweiterung der Allschwiler Schiessanlage, damit nicht am Sonntagnachmittag geschossen werden müsse, Feigenwinter brachte Bedenken gegen die Zulassung von Advokatinnen an... Dies nur einige wenige Beispiele.

Von erheblicher Bedeutung war der Vorschlag Feigenwinters, die Grossratswahlen statt in den kleinen Quartieren in drei Wahlkreisen durchzuführen. Die entsprechende Vorlage wurde 1913 im Grossen Rat angenommen und am 1. Februar 1914 vom Volk gebilligt. Man erhoffte sich, neben einer technischen Vereinfachung, eine Konzentration der Reststimmen und damit mehr Mandate, eine Rechnung, die aber für die KVP nicht aufgehen sollte.

Im Jahre 1911 wurde Dr. Kully der erste katholische Grossratspräsident, und Dr. Hans Abt folgte Dr. Adam als Erziehungsrat nach.

> Unserm neuen Grossratspräsidenten
> Dr. O. Kully.
> Die schwarzen Dragoner, I. Teil
> 11. Mai 1911
>
> Was wir längst erstrebten mit heissem Bemühn,
> Um was wir zähe gerungen,
> Das Ziel, das einst gesteckt wir uns kühn –
> Nun ist es endlich errungen:
> Die schwarzen Dragoner, sie reiten!
>
> Ein Fähnlein von vier, verschwindend klein,
> So zogen vor achtzehn Jahren
> Im altersgrauen Rathaus wir ein,
> Und spottend riefen die Scharen:
> Da kommen die schwarzen Dragoner!
>
> Das Rathaus freilich, es fiel nicht um,
> Es wurde nur rot und röter,
> Der Freisinn aber ward dick und dumm,
> Sein Kopf stets blöder und blöder;
> Hell wachten die schwarzen Dragoner!
>
> Man unterminierte mit Dynamit
> Majorzens gewaltige Feste;
> Wir halfen und schafften getreulich mit,
> Es flog der Tyrann aus dem Neste,
> Froh fochten die schwarzen Dragoner!
>
> Heut reitet als Grossrats-General
> Ein Schwarzer geehrt an der Spitze,
> Ein donnernd Hurrah ertöne im Saal,
> Dass es krache, schlage und blitze:
> Die schwarzen Dragoner, sie reiten!
>
> Einst hiess es nur Burckhardt, Hagenbach,
> Fäsch, Iselin, Vischer, Bernoulli,
> Jetzt rücken die neuen Geschlechter nach,
> Es kommt an die Spitze ein Kully:
> Hoch lebe der schwarze Dragoner!
>
> (aus «Gedichte» von Ernst Feigenwinter, Archiv Mariastein)

In zwei grossen Debatten 1911 wurde Grundsätzliches diskutiert: Anfang Juli die Abtreibung, im Dezember die Feuerbestattung.

In der Sitzung vom 13. Juli ging es eigentlich um die Begnadigung zweier Frauen, die abgetrieben hatten. Die Köchin Louise B. musste vom Strafgericht nach Gesetz zu einem Jahr Zuchthaus verurteilt werden. Das Gericht selber fand diese Strafe zu hart und empfahl dem Grossen Rat eine Begnadigung zu sechs Monaten Gefängnis. Dr. Thalmann (freis.) verlangte eine solche zu drei Monaten, da «eine veraltete Rechtspraxis mit dem fortgeschrittenen Rechtsgefühl nicht mehr in Einklang zu bringen ist». Er wurde sekundiert vom (katholischen) Dr. Knörr (soz.): «Wenn in einem Fall, so sei die Begnadigung hier angezeigt; das 20jährige Mädchen befand sich in einem schrecklichen seelischen Zustande; kurz zuvor sei ihre Schwester abgestürzt und ihr Bruder in das Irrenhaus überführt worden.» Zu Wort meldeten sich auch die beiden KVP-Ärzte Dr. Adam und Dr. Oesch. Letzterer stellte einen Rückweisungsantrag, zog ihn aber wieder zurück, als man ihm bedeutete, bis zu einem neuen Entscheid des Grossen Rates hätte Frau B. ihre Strafe verbüsst. Adam wandte sich gegen die Meinung, ein sozialer Abortus könne straflos erfolgen. «Man dürfe diesen Dingen nicht Türe und Tor öffnen, sondern müsse Strafbestimmungen aufstellen. Die Wissenschaft erfordert strenge Judikationen, und wo man sich nicht daran halte, komme man volkswirtschaftlich auf den Hund. Verbrechen gegen das keimende Leben können nicht als Privatsache erklärt werden.» Auch die zweite Täterin wurde zu drei Monaten begnadigt. «Dr. A. Oesch warnt den Rat vor den Konsequenzen und weist darauf hin, dass, wenn man die fehlbaren Mütter begnadige, man schliesslich gegen die Abtreiberinnen milder vorgehen müsse. Der Staat, der die Abtreibung gestatte, gehe Verhältnissen entgegen, die das Ende eines Kulturstaates bedeuten.»

Am Ende des Jahres, am 7. Dezember 1911, kam ein Anzug zur Behandlung, der forderte, «dass im allgemeinen Feuerbestattung und nur auf Verlangen Erdbestattung stattfinde». Die Regierung fand, dieser Anzug komme zu früh, noch sei die grosse Mehrheit der Bevölkerung für Erdbestattung. Im Namen der katholischen Fraktion gab C. Gutzwiller eine Erklärung ab: «Das Recht des Staates auf das Beerdigungswesen findet für die Katholiken seine Einschränkung in der Selbständigkeit, welche der Kirche in der Ausübung des Ceremoniells bei der Bestattung der Toten zukommt. Jeder Katholik, der die Kremation seines Körpers anordnet, geht der Mitwirkung der Kirche bei seinem Begräbnisse verlustig. – Verfügen die Anverwandten oder sonstige Nahestehende die Kremation, so unterbleibt die Begleitung der Leiche durch den Geistlichen an den Ort der Kremation. – Dagegen darf die Einsegnung im Trauerhause oder in der Kirche vorgenommen werden. – Es geht aus diesen Verfügungen des Hl. Offiziums hervor, dass die Kirche Stellung nimmt gegen die Feuerbestattung, und mit dieser Stellungnahme ist auch die unsrige in dieser Frage gegeben… Auch das katholische Volk hat sich mit der Idee der Feuerbestattung nie befreunden können.» Dr. Oesch führte aus, dass die Behauptung, die Kirchhöfe bildeten eine ständige Gefahr für die Volksgesundheit, nichts anderes als ein alter Ladenhüter sei.

Nicht immer waren die katholischen Grossräte in allen Fragen gleicher Ansicht. So mahnte Niederhauser zu Zurückhaltung gegenüber dem Frauenverein, Feigenwinter meinte, Hebung der Sittlichkeit (der Frauenverein hiess eigentlich «Frauenverein zur Hebung der Sittlichkeit») sei nur auf christlichem Boden möglich. Doch Adam war für einen Beitrag an diesen Verein, weil er das Pflegekinderwesen betreue (22. Februar und 7. März 1912). Später änderte Feigenwinter seine Meinung. Am 5. Dezember 1912 plädierte er für Unterstützung des privaten Frauenvereins – es ging um Jugendfürsorge –, man müsse nicht alles durch den Staat regeln. Übrigens hätten auch die Katholiken solche Fürsorgevereine.

Auch in der Frage eines neuen Kunstmuseums war die Fraktion verschiedener Meinung. Feigenwinter befürwortete die Lösung Rollerhof, Oesch die Schützenmatte.

Ebenfalls verschiedene Ansichten gab es in der Fraktion, als es am 26. April 1912 um einen Baurechtsvertrag ging. Die Regierung hatte eine Vorlage vorbereitet, die der Wohngenossenschaft, welche billige Wohnungen errichten wollte, in der Gewährung des Baurechts stark entgegenkam. Zum grossen Erstaunen auch der Freisinnigen und Liberalen stellte Ernst Feigenwinter einen Rückweisungsantrag.

Offenbar waren vorher in der katholischen Fraktion die Meinungen hart aufeinandergeprallt. Während Gregor Stächelin und andere die Wohnungsnot schlicht bestritten, fand der soziale Flügel, der Vertrag sei zu wenig ausgereift und bevorteile einseitig die Wohngenossenschaft; dabei sei doch allen kleinen Leuten ein Haus mit Gärtlein zu gönnen.

Regierungsrat Paul Speiser schloss aus Feigenwinters Antrag, «dass im Schosse jener Fraktion zwei diametral entgegengesetzte Richtungen bestehen, von denen die eine gar nichts, die andere noch mehr will als die Regierung. Diese beiden Richtungen sollen nun versöhnt werden durch einen Antrag, der dafür sorgt, dass weite Perspektiven gezeigt werden, aber vorläufig nichts geschieht» (BN 27. April 1912).

Auch der sozialistische Nationalrat Johannes Frei fand, Feigenwinter fordere Utopisches und versperre so dem Machbaren den Weg. «Tatsache ist, dass zwei Strömungen in der katholischen Fraktion bestehen. Beide suchen sich aber auf einer gemeinsamen Mittellinie zu verständigen» (Vorwärts 27. April 1912).

Feigenwinter wehrte sich vehement gegen den Vorwurf eines Doppelspiels. Er anerkenne zwar die Wohnungsnot, doch mit dem Bau neuer Mietskasernen sei sie nicht behoben, denn die katholische Fraktion «will nicht den Herdenstaat, der Nationalrat Frei vorschwebt». Und da politisches Neuland betreten werde, habe in der Fraktion jeder das Recht auf freie Meinungsäusserung, ohne gleich den «Vorwurf sozialpolitischer Sabotage» einstecken zu müssen[244].

Feigenwinters Rückweisungsantrag wurde abgelehnt. In der Schlussabstimmung waren die meisten Katholiken abwesend; immerhin stimmten Niederhauser, Späni und Rey für den neuen Vertrag.

(Auf das Problem der zwei Richtungen werden wir unten nochmals zurückkommen.)

Am 9. Januar 1913 reichten Anklin und Konsorten einen dringlichen Anzug ein: statt einem Gewerbemuseum solle man eine Gewerbeförderungsanstalt einrichten. Die Regierung nahm den Anzug zwar entgegen, doch bedeutete man Anklin, sein Wunschzettel sei zu gross.

Überhaupt sorgte sich die Fraktion immer wieder ums Gewerbe. Sie forderte am 26. Juni 1913 eine bessere Berücksichtigung des Gewerbes durch die Kantonalbank oder, in Erfüllung eines Programmpunktes, eine Lieferantenliste bei Submissionsarbeiten. In der Frage der Polizeistunde war die Fraktion gespalten. Amlehn wollte sie sehr spät ansetzen, um die Wirtschaften zu beleben, Späni, als Abstinent, war für die Beschränkung der persönlichen Freiheit (16. April 1914).

Immer wieder kam der staatliche Religionsunterricht zur Sprache. Kully wandte sich energisch dagegen und fand Unterstützung bei Hauser (soz.), der meinte: «Es kann in Wirklichkeit gar keinen konfessionslosen Religionsunterricht geben» (23. Januar 1913).

Auch zu sparen versuchte man regelmässig. Kully wandte sich gegen Subventionen an Damenturnvereine: «Die Kreise, welche sich am Damenturnen beteiligten, dürften die Unkosten selber bezahlen» (6. März 1913). Niederhauser wiederum fand elektrische Läutwerke in Schulen Geldverschwendung (12. März 1914). Staatsbetriebe seien «sehr unrationelle Unternehmungen» – wer anders als Gregor Stächelin kam für eine solche Sentenz in Frage?

Sozial zeigten sich Adam und Oesch bei der Behandlung der Öffentlichen Krankenkasse; «mit seiner Sympathie auf der Seite der Arbeiter» war Feigenwinter im Färberstreik (26. Juni 1913), obwohl er die Regierung für ihr Verhalten in der Angelegenheit lobte. Anderseits zeigte er sich wieder von der patriarchalischen Seite, als er sich gegen die Immatrikulation von Ausländerinnen (vor allem Russinnen) an der Universität wandte: «Die Frau hat von Natur aus nicht den gleichen Beruf zur Wissenschaft wie der Mann» (28. Mai 1914).

23. Die Kirchenvorlage 1910

Am 4. März 1910, am Vorabend der wichtigen Abstimmung über die Kirchenvorlage, fand in der «komplett gefüllten Burgvogteihalle» eine «Generalversammlung des KV und katholische Volksversammlung» statt[245]. Es ging um die Abstimmungsparole zu einer Vorlage, welche die Katholiken einmal mehr diskriminierte, wie sie meinten: sie empfanden die Kirchenvorlage als «eine ungerechte und der Form nach verletzende». Dabei hatte sich der federführende Regierungsrat, Carl Christoph Burckhardt-Schazmann, solche Mühe gegeben, den Katholiken entgegenzukommen, sie gerecht zu behandeln. Die Frage ist erlaubt, ob sich die Katholiken von ihrem Minderwertigkeitskomplex nicht zu lösen vermochten, ob sie gar die angeblichen Kränkungen und Zurücksetzungen als wichtigen Teil ihres Selbstverständnisses brauchten und pflegten, ob sie insgeheim einen Erfolg in eine schmerzliche Niederlage ummünzten?

Mindestens Regierungsrat Burckhardt sah es so: «Wer jahrzehntelang vom Gefühl und der Betonung erlittener Unbill beherrscht, gefördert und zusammengeschweisst wurde, kann auch ein wahres Entgegenkommen nicht leicht zugeben. Die Gewöhnung ist zu stark, die Zugkraft der Zurücksetzung zu unentbehrlich geworden. Taktisch gewandte Parteiführer sind versucht, die dargebotene Friedenshand als erneuten Faustschlag zu brandmarken und Unerreichbares, von dessen konfessioneller Berechtigung sie ebenso überzeugt sind wie von dessen praktischer Aussichtslosigkeit, zu fordern, um dann, wenn die Ablehnung erfolgt ist, das Angebotene still als Milchkuh in den Stall zu stellen, das ‹Martyrium› aber laut vor den Propagandawagen zu schirren. Die konfessionelle Einheit allein vermag eine aus wirtschaftlich so gänzlich verschieden interessierten Mitgliedern bestehende Partei heute auf die Dauer nicht mehr zusammenzuhalten; man muss an etwas appellieren, was unfehlbar einigt: gemeinsame Kränkung und ungleiche Behandlung, wahre oder angebliche.»[246]

Das ist deutsch und deutlich und regt zu Betrachtungen über das weitere Schicksal der KVP an.

Leo Hänggi übernimmt in seiner Parteigeschichte voll den Standpunkt der Katholiken von 1910 und spricht von einem «Gefühl bitterer Wehmut und unverdienter Zurücksetzung einer dem Übelwollen preisgegebenen Minderheit».[247]

Im folgenden möchten wir den Werdegang dieses Kirchengesetzes in kurzen Zügen nachzeichnen. Ausführliche Darstellungen finden sich bei verschiedenen Autoren[248]. Ausser den Artikeln im BV stehen uns dabei als Korrektiv die Aufzeichnungen von

Burckhardt-Schazmann zur Verfügung – und das Wissen um das Kirchengesetz von 1973, das den Katholiken die ersehnte Gleichstellung doch noch brachte.

Für das Verhältnis von Kirche und Staat war zu Beginn des Jahrhunderts das Gesetz von 1874 massgeblich. Danach galt die Evangelisch-Reformierte Kirche als «Landeskirche», d.h. der Staat kam voll für ihre Bedürfnisse auf. Anderseits verlangte er auch Mitspracherecht. Die Synode hatte ihre Beschlüsse dem Grossen Rat vorzulegen, welcher das Vetorecht besass. Dies galt auch für rein kirchliche Belange wie die Liturgie oder die Gesangbücher. Die RKG war, wie auch alle Sekten, ein privatrechtlicher Verein, seine Mitglieder bezahlten mit ihren Steuern auch an die Kultuskosten der Landeskirchen. (Landeskirche wurde nämlich auch die Christkatholische Kirche.) Kein Wunder, dass das dauernd als Ungerechtigkeit empfunden wurde. So richtete denn am 15. September 1903 die Vorsteherschaft der RKG ein Gesuch an den Regierungsrat, für ihre Gemeinde 30–40 000 Franken ins Budget aufzunehmen, eben den Betrag, den die Katholiken an die Landeskirchen beisteuerten. Zweieinhalb Jahre hüllte sich die Regierung in Schweigen, erst im Frühjahr 1906 erfolgte als Antwort ein kategorisches Nein: Aus verfassungsrechtlichen Gründen könnten freie Kirchen nicht subventioniert werden. Denn diese lehnten ja eine staatliche Oberaufsicht entschieden ab. Ungesäumt stellte nun Grossrat C. Gutzwiller, zur selben Zeit zugleich Präsident der RKG, den Antrag, es sei zugunsten des Vereins RKG eine jährliche Subvention von 40 000 Franken zu beschliessen. Vierzehn Tage später folgte in derselben Sache ein Antrag des katholischen Sozialdemokraten J. Knörr, die Kirchen seien vollständig vom Staat zu trennen. Dies entsprach der sozialistischen Doktrin, Religion sei Privatsache. «Als Katholik setzte er sich dem Verdacht aus, sich mit seinen Glaubensgenossen ins Einvernehmen gesetzt zu haben, obschon er mit dem politischen Katholizismus radikal gebrochen hatte», meint Haeberli dazu[249].

Die Stellungnahme der Regierung, die vorher die Meinung der Synode eingeholt hatte, lag im August vor. Aus den bekannten Gründen sprach sie sich gegen die Subventionierung aus, hingegen war sie bereit, den Antrag Knörr genau zu prüfen.

Im Oktober 1906 fand im Grossen Rat eine ausgedehnte Debatte über die beiden Anträge statt, wobei Feigenwinter, Gutzwiller und Adam sich weitschweifig zum Thema äusserten. Nach dem sicher nicht voreingenommenen Urteil von Burckhardt-Schazmann trat insbesondere der «Feldherr der Kath. Volkspartei» (natürlich Feigenwinter) «äusserst geschickt» auf. Adam meinte, das «non possumus» der Regierung sei in Wahrheit ein «non volumus». Gegen den Einwand, die protestantischen Basler spendeten reichlich in Schulwesen, Armenfürsorge und durch die Überlassung der Clarakirche an die katholische Bevölkerung, brachte er vor, was in dieser Beziehung die Katholiken leisteten: ein Spital, Waisenhäuser für Mädchen und Knaben, den Vinzenzverein. Interessant war, dass die Freisinnigen das Kulturkampfbeil begraben hatten und den Antrag Gutzwiller entgegen der Haltung der Regierung befürworteten. So wurden denn schliesslich beide Anträge überwiesen, der Antrag Gutzwiller knapp mit 60:55 Stimmen, der Antrag Knörr mit 113:2. Für die Katholiken war die Trennung von Kirche und Staat, wenn ihr eigener Antrag nicht angenommen werden sollte, das kleinere Übel.

Carl Gutzwiller-Meyer (1856–1928) von Arlesheim, Gründer eines Bankhauses, war von 1903–1910 Präsident der Römisch-Katholischen Gemeinde und von 1905–1920 Mitglied des Grossen Rates. Sein Anzug leitete eine gerechtere Behandlung der Gemeinde, wenn auch noch nicht ihre Anerkennung, ein.

Aufgabe der Regierung, d.h. des Justizdirektors Burckhardt-Schazmann (seit Februar 1906) war es jetzt, einen Bericht zu der ganzen Kirchenfrage auszuarbeiten. Dieser Bericht lag Ende Juli 1908 in Form einer Broschüre von 178 Seiten vor.

Wer war dieser Departementsvorsteher? Carl Christoph Burckhardt-Schazmann «war einer der geistreichsten Vertreter der alten christlichen und humanistischen Basler Kultur, aristokratisch und doch voll Verständnis für den Sozialismus, frei von Parteischablone...ein massloser Arbeiter und leidenschaftlicher Kämpfer für das Recht». So der Historiker Paul Burckhardt[250].

Es überschreitet den Rahmen dieser Arbeit, den Bericht der Regierung auch nur einigermassen ausführlich wiederzugeben. Beschränken wir uns also auf die wesentlichen Punkte:

- Die evangelisch-reformierte Kirche und die christkatholische Kirche erhalten den Status einer öffentlich-rechtlichen Persönlichkeit. Dieser gestattet ihnen, bei ihren Mitgliedern Steuern zu erheben. Bedingung: demokratische Grundlage der kirchlichen Organisation und angemessener Spielraum für die Bedürfnisse der Minderheiten (deswegen wichtig, weil je nach Gemeinde die konservative resp. freisinnige Richtung die Oberhand besass).
- Die Römisch-katholische Kirche und andere Glaubensgemeinschaften werden privatrechtlich als Vereine behandelt. Ihre Mitglieder bezahlen für sie auf der Basis der Freiwilligkeit. Die Katholiken bekommen, sozusagen als Abfindung, eine einmalige Summe von 200 000 Franken.
- Zu einer von den Sozialdemokraten geforderten Trennung von Staat und Kirche kommt es also nicht.

Mit diesen Kernpunkten glaubte Burckhardt-Schazmann, eine gerechte, für alle annehmbare Lösung gefunden zu haben. Es war ein klassischer Kompromiss. Die evangelisch-reformierte Kirche war nicht mehr «Landeskirche» und konnte ihren Unterhalt nurmehr aus den Steuern ihrer Mitglieder bestreiten, und die Katholiken bekamen auch, was sie immer gefordert hatten: sie mussten mit ihren Steuern nicht mehr die reformierten Kultuskosten mitbezahlen.

Bei der Stellungnahme zum Anzug Knörr werden auch Verhältnisse ausserhalb Basels beleuchtet.

In Frankreich galt seit 1905 die strikte Trennung von Kirche und Staat. Ein gleiches Vorgehen bei uns sei aber durch Bundesrecht sowie die öffentliche Meinung verunmöglicht.

In Neuenburg ist die katholische Kirche Landeskirche.

In Genf werden die Gehälter der Geistlichen beider Konfessionen vom Staat subventioniert. Doch «der ‹goldene Faden›, welcher die Landeskirchen mit dem Staat verknüpft, ist also weit schwächer als bei uns».

In St. Gallen werden die katholische und die evangelische Kirche gleich behandelt. Sie stehen finanziell auf eigenen Füssen.

Wieso nun hatte man in Basel die RKG nicht auch zur öffentlich-rechtlichen Persönlichkeit gemacht? Burckhardt-Schazmann schreibt dazu:

«Das mit dem Vorbericht betraute Justizdepartement hatte, um mit der römisch-katholischen Gemeinde Fühlung zu erhalten und sich über ihre Bedürfnisse zu orientieren, mit ihrem Präsidenten wegen ihrer Finanzlage und ihrer Wünsche wiederholten Meinungsaustausch gehabt. Auf die Frage, ob man die bisherige Freiheit und einen finanziellen Staatssukkurs wirklich einer öffentlichrechtlichen Stellung, welche eine Steuererhebung und einen Einfluss im Diözesanverband ermöglichen würde, vorziehe, hatte es ein bestimmtes Ja zur Antwort erhalten. Die Vorschläge der Regierung trugen dieser Auskunft Rechnung. Dies hinderte nicht, dass eben diese Anträge auf römisch-katholischer Seite als erneute Missachtung und Hintansetzung bezeichnet wurden, dass im Jahre 1909 plötzlich das genaue Gegenteil verlangt und dass geklagt wurde, um die

> **Das Burggericht**
>
> Was wälzt wie Ungewitter
> Das Volk zur Burgvogtei?
> Was dröhnen Tor und Gitter
> Wie wenn der Sturmwind frei?
> Das Unrecht, grau an Jahren,
> Verfällt dem Volksgericht,
> Das durch die Männerscharen
> Verdikt und Urteil spricht.
>
> Man sog vom armen Manne
> Blut mit dem Kirchennapf
> Und füllt mit Rot die Kanne
> Des Pastors Haus und Zapf.
>
> Nun man in langen Zügen
> Entleert des Armen Blut,
> Will man ihn noch betrügen
> Um Schul' und Armengut.
>
> So treibt's der Herr Barone,
> Dem durch des Armen Herd
> Von Mill' zu Millione
> Steigt seines Landes Wert. –
> Er schiebt dem Katholiken
> Zur Last die Kirchenfrag'
> Dieweil ihm zum Entzücken,
> Wir mehr'n die Bodenplag ... etc.
>
> Zur Volksversammlung in der Burgvogtei,
> im BV vom 25. März 1909.

Meinung und die Wünsche der Gemeinde habe sich die Regierung nie gekümmert und nie nach ihnen gefragt. Als auf jene Besprechungen hingewiesen wurde, ward dann geantwortet, offizielle amtliche Verhandlungen, wie sie sich geziemt hätten, seien sie nicht gewesen, sondern unmassgebliche Privatgespräche, gelegentliche Äusserungen; die Gemeinde werde durch die gesamte Vorsteherschaft, nicht durch einen einzelnen vertreten.»[251]

Diese Darstellung wurde von den Katholiken allerdings bestritten. Sie behaupteten, bei der Ausarbeitung der Vorlage habe man sich um ihre Wünsche nicht gekümmert, wirkliche Verhandlungen hätten nie stattgefunden. «Da Herrn Burckhardt-Schazmann dieser Vorwurf unbequem war, griff er zum Ausweg, die stattgehabten Privatgespräche zu offiziellen Verhandlungen zu stempeln.» So schilderte C. Gutzwiller den Sachverhalt an der Generalversammlung des KV vom 4. März 1910[252], und präzisierte: «Offizielle Verhandlungen fanden nun *keine* statt, sondern nur zwei Unterredungen, in denen der Herr Regierungsrat sich informieren wollte über die Rechenschaftsberichte der Gemeinde, Art und Weise des Bezugs der Kirchenbeiträge, überhaupt über unsere finanzielle Lage.»

Wo liegt nun die Wahrheit? Sicher ist, dass die RKG, durch Ernst Feigenwinter an einer Katholikenversammlung, erstmals am 24. März 1909 die öffentlich-rechtliche Anerkennung forderte[253], allerdings mit dem Zusatz: «Sie (die Kirchen, M.) sind als solche unabhängig von der Staatsgewalt und ordnen und verwalten ihre Angelegenheiten selber.» Es wäre also gut möglich, dass Burckhardt-Schazmann der Ansicht war, mit der

Grundbedingung einer demokratischen Organisation seien die Katholiken nicht einverstanden und demnach an der öffentlich-rechtlichen Anerkennung gar nicht interessiert. Auf diesem Hintergrund erscheinen die Klagen der Katholiken in einem etwas seltsamen Licht, und Burckhardt-Schazmanns bissige Bemerkungen zum «Martyrium» hätten ihren realen Hintergrund.

Die Vorlage der Regierung wurde nun ein halbes Jahr in Presse und Versammlungen erörtert, darauf wurde im Grossen Rat die Vorfrage gestellt: Soll die Verfassungsänderung prinzipiell beschlossen werden? Dies bejahte der Grosse Rat am 21. Januar 1909 praktisch einstimmig. 22 Stimmen entfielen vorher auf einen neuerlichen Antrag Gutzwillers, der RKG einen staatlichen Jahresbeitrag von 40 000 Franken zu gewähren, aber im übrigen alles beim alten zu belassen.

Erst in der Folge, an der KVP-Versammlung vom 24. März 1909, schwenkten die Katholiken um und forderten für ihre Kirche die öffentlich-rechtliche Anerkennung. Dabei kritisierte Feigenwinter in heftigen Worten die Vorlage Burckhardt-Schazmanns: «Ich vermisse hier die vielgepriesene staatsmännische Weisheit («Vorsicht», steht in der gedruckten Rede[253a]) unseres Herrn Departementsvorstehers… Bei uns in Basel schleift man die Axt des Kulturkampfes der 1870er Jahre aufs Neue, man verriegelt uns die Türe zu, durch welche wir zu einem gleichen Recht wie andere Konfessionen gelangen können.»[254] Feigenwinter schien zu vergessen, dass der Vorschlag die Begehren der Katholiken erfüllte, dass er auch von der Evangelisch-Reformierten Kirche Opfer – nämlich die privilegierte Stellung als «Landeskirche» – forderte und dass in Basel die Zeit noch nicht reif war, die noch junge, lange argwöhnisch betrachtete katholische Gemeinde mit der evangelischen Kirche gleichzustellen. Aber diese Einsicht konnte man von ihm, mit Blick auf die wiederum ungerechte Behandlung der katholischen Gemeinde, wohl nicht verlangen.

Die Eintretensdebatte über die materiellen Vorschläge nahm der Grosse Rat erst am 25. November 1909 in Angriff. Sollte der Ratschlag in einer Kommission beraten werden? Die Liberalen und Sozialisten wollten die Sache nicht weiter verschleppen. Mit 65:49 Stimmen wurde Kommissionsberatung abgelehnt.

Im Januar 1910 fand die materielle Einzeldebatte statt, wobei die öffentlich-rechtliche Stellung der Evangelisch-Reformierten Kirche und der christkatholischen Kirche mit 104 gegen 18 (katholische) Stimmen angenommen wurde. Wegen der Verfassungsänderung wurde die Vorlage dem Volke vorgelegt, am 5./6. März 1910. Am Vorabend hatte die Katholikenversammlung Stimmenthaltung beschlossen. Mit 7413 Ja gegen 1036 Nein stimmte das Volk für den am Ende unumstrittenen Regierungsvorschlag.

Wie wurde er ausserhalb Basels beurteilt?

Das Organ der französischen Katholiken «La Croix» hob «die Billigkeit und Verständigkeit» hervor, «mit der hier alle Interessen berücksichtigt und geschont würden, ohne eine Spur der Feindseligkeit gegen die katholische Kirche».

Das «Vaterland» bezeichnete die Vorlage als «gründlich, sorgfältig durchdacht und getragen vom Geist der Toleranz und der Achtung». So zitiert Burckhardt-Schazmann[255] und meint dann zur katholischen Kritik in Basel: «Die Sachlage ist doch so einfach. Wir müssen den Landeskirchen öffentlichrechtliche Persönlichkeit geben, weil wir unsere Rechtslage durchaus ändern müssen, dabei aber eine Jahrhunderte alte Entwicklung nicht auslöschen und, wenn wir anders nicht am Referendum scheitern wollen, die unserem Volke fremde Trennung nicht unvermittelt vorschlagen können; weil wir Evolution und nicht Revolution wünschen.»[256]

Burckhardt-Schazmann sah seine Kirchenvorlage ganz klar als Zwischenergebnis einer Entwicklung, deren Endergebnis «die völlige Trennung, die auch äusserlich durchgeführte Gleichstellung aller Kirchen gegenüber dem Staat» sein werde[257]. Diese Beurteilung war, wie wir heute wissen, eine Fehlprognose, wohl unter dem Eindruck der grossen Aufschwünge von Freisinn und Sozialdemokratie.

Im übrigen bedauerte er, dass man den Katholiken nicht schon früher entgegengekommen war und sie so in eine Oppositionsstellung gedrängt habe. Folge: Eine konfessionelle Partei wird befähigt, «beim sich nähernden Gleichgewicht der Sozialisten und der bürgerlichen Parteien von Fall zu Fall das Zünglein an der Waage, den Schiedsrichter über die Geschicke des Kantons zu spielen»[258].

Rückblickend müssen wir den Scharfsinn und den Weitblick von Burckhardt-Schazmann bewundern; im Gegensatz zur Ansicht Feigenwinters besass er offensichtlich doch «staatsmännische Weisheit»[241].

24. Innere Entwicklung der Partei

1905 war in Basel der Kantonalverband des Schweiz. Katholischen Volksvereins gegründet worden. Der Verband wurde gebildet durch die Sektionen des KV, ihm gliederten sich aber verschiedene andere Vereine an, «um die religiösen, charitativen und gemeinnützigen Werke und Bestrebungen der Basler Katholiken...besser zu fördern», so der weibliche Piusverein, die Marienvereine der drei Pfarreien, die Rauracia, der Vinzenzverein, der Verein katholischer Literaturfreunde u.a. An der Spitze dieses Verbandes stand ein Vorstand von sieben Mitgliedern, von Amts wegen der Pfarrdekan, Pfarrer Arnold Döbeli, der Zentralpräsident des KV und der Präsident der RKG. Die Abgeordneten zur Delegiertenversammlung des Schweiz. Katholischen Volksvereins (SKVV) wählte der KV allein[259].

Entsprechend mussten nun die Statuten des KV abgeändert werden. Statt «Der KV schliesst sich dem Centralverband der Kath. Männer- und Arbeitervereine an» hiess es neu «schliesst sich dem Schweiz. Katholischen Volksverein an». Bei dieser Gelegenheit wurde das Centralcomité ermächtigt, nach Bedarf neue Sektionen zu gründen. Ziel war, in jedem Wahlquartier eine eigene Sektion zu besitzen. Denn bei den Grossratswahlen hatte es sich gezeigt, dass es im St. Johann- und im Albanquartier schwierig war, die Wahlkreise erfolgreich zu bearbeiten. Auch wollte man den schlechten Stand der Vereinskasse durch eine Beitragserhöhung auf vier Franken aufbessern. Das gab einiges zu reden. Man einigte sich dann auf Franken 3.50, wovon die Hälfte in die Zentralkasse floss, die andere bei den Sektionen blieb[260].

Nicht wenig Aufregung verursachte im Herbst 1906 die Anregung von Pater Scheiwiller aus Zürich, auch in Basel einen «reinen Arbeiterverein» zu gründen. Joos wandte sich vehement dagegen, doch Dr. Wannier und Pfarrer Kaefer waren anderer Ansicht. Mindestens sollte die Gegenseite auch gehört werden. Dies geschah an der Delegiertenversammlung vom 7. November[261]. «Anhand von Beispielen suchte nun der Hochw. Herr Pfarrer Kaefer zu beweisen, dass ein solcher reiner Arbeiterverein notwendig sei, ansonst uns alle katholischen Arbeiter mit der Zeit ganz verloren gehen, stellt jedoch keinen Antrag. Hierauf entspann sich eine lebhafte Diskussion, in welcher die Gründung eines Arbeitervereins stark bekämpft, dagegen die Schaffung eines Arbeitersekretariats sehr befürwortet wurde.» Es schlug elf Uhr, doch ein Antrag auf Abbruch der Diskussion wurde abgelehnt. Immerhin sollte kein Redner mehr als sieben Minuten sprechen dürfen. Wieder einmal stellte Ernst Feigenwinter einen Vermittlungsantrag:

«Die Delegiertenversammlung beschliesst heute, da sie grundsätzlich nichts gegen die Gründung eines reinen Arbeitervereins einzuwenden hat, die Schaffung eines Arbeitersekretariats und beauftragt das Centralcomité

1. Ein Reglement (Arbeitsprogramm) für den Arbeitersekretär auszuarbeiten,
2. zu berichten, wie die Mittel zur Finanzierung des Sekretariats aufgebracht werden können,
3. die Frage betr. Gründung eines reinen Arbeitervereins solange auszustellen, bis die Notwendigkeit eines solchen Vereins erkennbar ist, was sich aus dem Erfolg des Arbeitersekretärs zeigen wird.»

So wurde beschlossen und die Sitzung um zwölf Uhr nachts geschlossen.

Mit der Frage der Finanzierung befasste sich das erweiterte Centralcomité schon zwei Tage später. Das Geld sollte von den katholischen Vereinen und den Sektionen Basels und der Umgebung fliessen. Benötigt wurden etwa 2500 Franken. Auch bei den KV-Mitgliedern sollte gesammelt werden. Im Frühjahr 1907 war es dann soweit, und Anton Auf der Maur, der spätere Redaktor des BV, konnte das Sekretariat am Totentanz 7 eröffnen. Damit aber war die Angelegenheit keineswegs erledigt, denn im Juli kam dem Centralcomité zu Ohren, dass die christlich-sozialen Gewerkschaften der Ostschweiz beabsichtigten, hinter dem Rücken des KV in Basel einen Arbeiterverein zu gründen. Zu diesem Zwecke sollte «an einem der nächsten Sonntage eine öffentliche Versammlung einberufen werden»[262]. Tatsächlich wurde 1907 in St. Joseph der erste Arbeiterverein ins Leben gerufen[263]. Joos war empört, denn an der «Friedensversammlung» war vereinbart worden, stillzuhalten, und diese Abmachung war sogar schriftlich festgehalten worden. Er beantragte, den Volksverein zu informieren und den Ausschluss der neuen Organisation zu verlangen. Auf der Maur und Kully wollten hingegen das Problem auf friedlichem Wege lösen. Das Verhältnis dieses Arbeitervereins zum KV wurde nun zum Dauerbrenner. Jener könne sich zum Anschluss an den KV nur entschliessen, wenn sich die KVP verpflichte, «der katholischen Arbeiterschaft zur gebührenden Vertretung in den

Behörden zu verhelfen». Im übrigen behalte er sich in sozialpolitischen Fragen «volle Freiheit» vor. Da «gerade in diesen Fragen ein Zusammengehen notwendig sei», begriff Feigenwinter die Forderung des Arbeitervereins nicht. Er fand, die katholischen Grossräte seien immer für die Arbeiterinteressen eingetreten, und nannte eine Anzahl Postulate, wo dies geschehen sei. Andere Delegierte hatten wiederum für die Neugründung voll und ganz Verständnis. Ein Vertreter des Arbeitervereins suchte die Gründung zu erklären: Nicht weil man mit den Führern des KV unzufrieden sei, «sondern weil die heutige Lage des Arbeiters es eben verlange und weil in einem Vereine von Arbeitgebern und Arbeitnehmern es nicht möglich sei, die Interessen der Letzteren richtig zu vertreten. Auch bezwecke der Arbeiterverein nicht die Zersplitterung der katholischen Partei, sondern derselbe wolle ja nur diejenigen katholischen Arbeiter sammeln, welche dem KV nicht angehören wollen und diejenigen, welche sich bereits der sozialdemokratischen Partei angeschlossen haben.» Eine Einigung kam nicht zustande[264].

Als es um das Programm des KV für die Wahlperiode 1908–1911 ging, flammte der Streit wieder auf, wurde doch darin das «freie Koalitionsrecht» der Arbeiter gefordert. Gerade bei der Gründung des Arbeitervereins habe der KV dieses Recht missachtet, meinte ein Delegierter. Ernst Feigenwinter antwortete, bei dieser Forderung gehe es um Grundsätzliches und nicht um den Arbeiterverein, der ja die gleichen Ziele wie der KV verfolge und dazu noch mit den gleichen Leuten. Deswegen habe man den neuen Verein für «unnütz und schädlich» gehalten[265].

Auch im September 1909 war der Arbeiterverein das einzige Traktandum der Delegiertenversammlung. Dr. Joos erklärte, die Verhandlungen in der letzten Zeit hätten nun einen «anderen Charakter» angenommen, und verlas die Bedingungen zu einer Verständigung:

Der KV empfiehlt den Arbeiter-Mitgliedern den Beitritt zum Arbeiterverein, doch müssen sie KV-Mitglieder bleiben. Der Arbeiterverein «erkennt in der KVP seine politische Vertretung an» und schickt wie jede Sektion seine Vertreter an die Delegiertenversammlung, «sofern es sich um Beratung und Beschlussfassung allgemein wichtiger politischer Fragen handelt».

Über diese Bedingungen entspann sich eine «lebhafte und eingehende» Diskussion. Schliesslich wurden sie im wesentlichen angenommen, «um Kollisionen zwischen KV und Arbeiterverein zu verhüten und ein gedeihliches Zusammenwirken beider Vereine zu fördern». Hinzu kam noch: «Der KV gewährt dem Arbeiterverein die volle Freiheit der Agitation und wünscht, dass es ihm gelingen werde, die breitesten Massen der katholischen Arbeiter, die dem KV noch fern stehen, zu organisieren.»

Damit fand eine Gründung einen glücklichen Abschluss, eine Gründung, welche den KV und damit auch die Partei beinahe gespalten hätte. Denn soviel ist sicher: Es war keine leichte Aufgabe für die Parteileitung, die divergierenden ökonomischen und sozialen Interessen immer auf einen gemeinsamen Nenner zu bringen (vgl. Ziff. 25).

Der Bericht über die Generalversammlung 1907 verrät einiges über die Schwierigkeiten des KV. Zwar waren etwa 300 Mitglieder «in der hübsch erleuchteten, geräumigen

Gartenwirtschaft» des «Basler Hofs» (an der Clarastrasse) anwesend, zwar wiesen die Sektionen eine beachtliche Zunahme auf: St. Johann von 52 auf 92, St. Alban von 60 auf 111 Mitglieder zum Beispiel. Doch dann heisst es etwas resigniert im Protokoll[267]: «Immerhin steht die Zahl der Mitglieder noch in gar keinem Verhältnis zu der grossen Anzahl Katholiken, die unserem Verein noch fernstehen.» Man müsse mehr werben, besonders auch für das «Basler Volksblatt». Die Monatsversammlungen seien nur mässig besucht. Sie sollten nicht zu lange dauern. Auch mehr Geselligkeit wurde gewünscht.

Anders tönte es ein Jahr später, im Jahresbericht 1907/08, erstattet an der Generalversammlung vom 8. Juli 1908[268]. Das war nicht, wie das vorangegangene, «ein stilles, sondern im Gegenteil ein sehr bewegtes (Jahr)». Es fanden neun General- und elf Delegiertenversammlungen sowie neun Centralcomité-Sitzungen statt. Besonders in politischer Beziehung hatte der KV «seine jungen Kräfte im Kampfe mit seinen Gegnern zu messen», denn es gab einige grosse politische Aktionen. Die erste war die Gerichtspräsidentenwahl (aus der Dr. Abt als Sieger hervorging), die zweite die Stellungnahme zum sog. Streikparagraphen, wobei sich die KVP auf Seite der bürgerlichen Behörden stellte, die dritte die Abstimmung über die neue Militärorganisation. Da nahm der KV «an der kurz vor der Abstimmung im Kasernenhof zugunsten der Militärorganisation von allen bürgerlichen Parteien einberufenen Volksversammlung» teil. Höhepunkt waren die Grossratswahlen im Mai. In allen Einzelheiten geht der Bericht auf die damit verbundenen Anstrengungen, vor allem auch in den Sektionen, ein. Über die Bemühungen der KVP im Zusammenhang mit der Gründung eines Arbeitervereins war schon die Rede. Die Pausen «zwischen den politischen Waffengängen» (sic!) wurden mit Vorträgen ausgefüllt. Themen waren «Friedrich der Grosse», «Modernismus», «Basel am Vorabend der Revolution», «Wie Andersgläubige in den katholischen Kantonen behandelt werden». Erwähnt wird auch «das prächtig verlaufene Waldfest» im Spitzwald bei Allschwil. Grosses Lob erhalten die monatlichen Versammlungen der acht Sektionen samt ihren Familienanlässen.

Wie ernst die Sektionen ihre Aufgabe der politischen Meinungsbildung nahmen, beweist die «Vereinschronik» im BV. Beispiel sei der 24. Januar 1906. Einerseits war über das Subventionsgesuch der RKG an die Regierung zu berichten, andererseits standen Regierungsrats-Ersatzwahlen und Richterwahlen bevor. Die Corona des KV war für die Orientierungsversammlungen am Donnerstag, dem 25., und am Freitag, dem 26. Januar aufgeboten. Es sprachen Carl Gutzwiller in der Sektion Stadt und Steinen (in der Safranzunft), Ernst Feigenwinter im Männerverein Eintracht (im Spalenkasino), Dr. Niederhauser in der Sektion St. Alban (in der Frohburg Breite) und am Tag darauf im Männerverein Gundeldingen (Restaurant Habé-Ott), Dr. Kully im Männerverein St. Clara (im Basler Hof) und schliesslich Dr. Joos im Männerverein Horburg-Kleinhüningen (im Greifenbräu Horburg). Und jedesmal steht dabei: «Wir ersuchen unsere Mitglieder dringend um zahlreiches Erscheinen» oder eine ähnliche Formulierung.

1858 **1908**

1903

Festfeier
zu Ehren des
Heil. Vaters Pius X.
bei Anlass seines
50-jährigen Priester-Jubiläums
veranstaltet vom
Kathol. Volksverein Basel

Sonntag den 6. Dezember 1908
Abends 8 Uhr
im Musiksaale des Stadt-Casino.
Saaleröffnung 7¾ Uhr.

«Diese Papstfeier der Basler Katholiken verdient mit goldenen Lettern in die Annalen unserer Gemeinde geschrieben zu werden.» (BV 8.12.1908) Die Kirchengesangchöre mit dem Orchester zählten allein etwa 200 Personen.

PROGRAMM:

1. **Krönungsmarsch** aus der Oper:
   »Die Volkunger« . . . von H. Kretschmer
   für Orchester.
2. »**Die Himmel erzählen**« aus der
   »Schöpfung« . . . . . von Haydn.
   für gemischten Chor und Orchester.
3. **Begrüssungswort** von Hochw. Herrn Pfr. **Döbeli.**
4. **Fest-Ouverture** in E-Dur . . . von Leutner.
   für Orchester.
5. »**Es ruht die Welt in Schweigen**« von Köllner.
   für gemischten Chor.
6. **Festrede** von Herrn Ständerat **A. Wirz.**
7. **Papsthymne** . . . . . von Karl Gerok.
   Volksgesang mit Blechbegleitung.
8. **Alpensegen** . . . . . von Baldamus.
   für Männerchor und Orchester.
9. **Schlusswort** von Herrn **Dr. E. Feigenwinter.**
10. **Vaterslandslied** . . . . von Th. Gaugler.
    für Männerchor.

Die Gesänge werden ausgeführt durch
die vereinigten Kirchengesangchöre
von St. Clara, St. Maria und St. Josef.

Buchdruckerei **Basler Volksblatt**, Petersgasse 34.

Noch immer zeigte sich die KVP nicht als eigenständige, auf die kantonale und eidgenössische Politik konzentrierte Partei, sondern als Arm des KV, dessen man sich von Fall zu Fall bediente, deren Organe aber identisch waren mit jenen des KV, der wiederum getreues Glied der RKG war. Es sollte noch bis 1928 dauern, bis sich die Partei formell vom Verein emanzipierte.

25. Spannungen zwischen den Flügeln

Die Partei vereinigte unter dem Attribut «katholisch» Angehörige aller sozialen Schichten, vom Millionär bis zum Taglöhner. Dies zeigt sich deutlich im Parteiprogramm, zum Beispiel in jenem von 1911:

Für den Kapitalisten: Grössere Sparsamkeit auf allen Gebieten des Staatshaushalts und Vereinfachung desselben, inzwischen Verweigerung neuer Steuern und Steuererhöhungen.

Für den Kleinunternehmer: Bestrebungen zur Erhaltung des Mittelstandes und Verbesserung seiner wirtschaftlichen Lage.

Für den Arbeiter: Förderung aller sozialen Massnahmen in Bezug auf das Wohnungswesen.

Trotzdem gelang es nicht immer, alle Wünsche und Richtungen unter einen Hut zu bringen. Die Arbeiter sahen ihre Interessen zu wenig vertreten – sie gründeten den Arbeiterverein. Die Gefahr einer Aufsplitterung war greifbar. Unter anderen wehrte sich Dr. Kully gegen den neuen Verein. Er fand die Trennung der Arbeiter vom KV unnötig, «da dieselben laut ihren Statuten beinahe die gleichen Ziele verfolgen wie der Katholikenverein»[269]. Derselbe Dr. Kully wehrte sich aber auch drei Jahre später, als es um die Gründung einer Mittelstandsgruppe ging. Zu einer solchen Sektion wollten sich nämlich «eine Anzahl Handel- und Gewerbetreibende des Vereins» zusammenschliessen. Dr. Kully war darüber nicht erbaut. «Er fürchtet, dass wir dadurch unsere Mitglieder in zwei Lager spalten.» Nicht alle Delegierten waren aber derselben Ansicht. Dr. Abt begriff die Angehörigen des Mittelstands, «wenn sie sich zur Wahrung ihrer Interessen zusammentun». Allerdings müssten sie das Programm der KVP anerkennen und deren Mitglieder bleiben. Auch Redaktor Auf der Maur befürchtete «eine Zerstörung der jetzigen Organisation» und stellte den Antrag auf Kommissionsberatung, was auch beschlossen wurde[270]. Im April des folgenden Jahres wurde an der Delegiertenversammlung vom 2. April 1912 mitgeteilt, dass die Gewerbegruppe als nicht selbständige Sektion dem KV angehöre.

Nur kurze Zeit später kam diese Polarisierung auch im Grossen Rat zur Sprache, im Zusammenhang mit der Baurechtsfrage. Es waren Regierungsrat Speiser und der Sozialdemokrat Johannes Frei, welche die Existenz zweier verschiedener sozialpolitischer Richtungen innerhalb der katholischen Fraktion hervorhoben. Am 27. April 1912 versuchte das BV das Dilemma zu erklären und zu verteidigen:

«Dass sich nun in unserer Grossratsfraktion Leute verschiedenen wirtschaftlichen Interesses unter dem gleichen Banner vereinigen, ist nach unserer Ansicht ein Ruhm für dieselbe, denn dieser Umstand beweist eben, dass höhere Gesichtspunkte dieses politische Gebilde zusammenhalten.

Allerdings kann dies dann freilich bei Behandlung wirtschaftlicher Fragen, wo die Interessen der Masse, die im Genossenschaftswesen ihre Zuflucht sucht, und jener, die vor der genossenschaftlichen Flut sich flüchten müssen, kollidieren, zu Unzukömmlichkeiten führen. Und diese muss man eben durch möglichste Wahrung eines der Allgemeinheit frommenden Standpunktes zu beseitigen trachten. Es wird wahrhaftig heutzutage soviel Klassenpolitik betrieben, dass man nicht noch auf jene Leute Steine werfen sollte, die dieser Taktik aus dem Wege gehen. Von den Sozialdemokraten, die nur für einseitige Interessen zu sorgen haben und aus jeder abweichenden Haltung einer andern Partei Kapital schlagen, ist das zwar zu begreifen. Weniger von den bürgerlichen Parteien. Ausnehmen möchten wir hier höchstens die liberalen Herrschaften. Die Millionäre aus dem St. Albanquartier können in solchen Dingen so sozialdemokratisch sein wie die Sozialdemokraten. Sie ertragen es leicht. Für sie ist der Tribut, den sie von ihrem grossen Haufen den modernen sozialen Forderungen zum Opfer bringen, nichts weiter als eine Versicherungsprämie für die Hauptsache, den sichern Besitz nämlich ihrer grossen Vermögen. Was da flöten geht, wird ja durch eine einzige geschickte Kapitalanlage zehnfach wieder eingebracht.

In so bequemen Schuhen stecken eben die kleinen Leute der kathol. Volkspartei nicht, verehrte Herrschaften! Weisen Sie uns nicht auf Gregor Stächelin hin. Zu der kathol. Grossratsfraktion gehört noch eine Reihe kleiner Leute, die die Repräsentanten der Hälfte unserer Parteigenossen sind, die sich aus dem kleinen und kleinsten Mittelstande rekrutieren und in erster Linie den Stoss des modernen Genossenschaftswesens auszuhalten haben.

Hat da die Fraktion nicht eine eigentliche Pflicht, beiden in ihr verkörperten Richtungen Rechnung zu tragen, selbst in einem Falle, wo sie es wirklich nur mit schwerem Herzen tut und genau voraussieht, dass man wieder mit den billigsten Schlagworten über sie herfällt, um sie, wenn möglich im eigenen Lager, unpopulär zu machen.

Freilich wird sie das nicht davon abhalten, auch in Zukunft eine gute Mittellinie als ihre Marschroute zu betrachten. Das ist und bleibt im Interesse der Allgemeinheit, ganz gleichgiltig, ob es gegenwärtig Mode ist oder nicht.»

Wie sich solche internen Flügelkämpfe aus dem Blickwinkel von Gregor Stächelin ausnahmen, dazu besitzen wir seine «Erinnerungen». Er äussert sich dazu folgendermassen:

«Die katholische Volkspartei war im Prinzip allerdings konservativ und gegen den Freisinn oppositionell, sie hatte es aber für sich vorteilhaft gefunden, die Beutefeldzugspolitik (darunter versteht Stächelin die Tendenz der Parteien, als Folge des Proporzes allen Wählergruppen Versprechungen zu machen, M.) der andern Parteien ebenfalls mitzumachen, um nicht an Wählern zu verlieren. Das veranlasste mich, weil diese Politik mir nicht richtig schien, den Standpunkt sämtlicher Bürger (sic!) des Staates zu vertreten. Allerdings machte die Zusammensetzung der Partei meiner oft streng oppositionellen Haltung manchmal Schwierigkeiten. Die katholischen Wähler rekrutierten sich aus den verschiedensten Elementen, aus Handwerkern, Mittelständlern, Akademikern und Kapitalisten, vorherrschend aber aus Arbeitern. Da aber in der Staatspolitik die wirtschaftlichen Fragen mehr und mehr in den Vordergrund traten, hielt es schwer, diese verschiedenen Gruppen unter denselben Hut zu bringen. Namentlich nahm ich Anstoss an den Befürchtungen meiner Fraktionskollegen, wir könnten es mit den Arbeitern verderben. Trotz aller Anfeindungen nahm ich dennoch konsequent den Standpunkt ein, dass Staats-Arbeiter, Angestellte und Beamte auf Kosten des Ganzen im Begriffe seien, sich zu weitgehende Vorteile zu sichern, und dass man diesen Bestrebungen im Interesse des Gesamtwohls und eines geordneten Staatshaushaltes entgegentreten müsse. Ich machte schon damals darauf aufmerksam, dass eine solche Politik der wirtschaftlichen Aushöhlung der produktiven Kraft des Staates zum Ruin führen müsse. Den Führern der Volkspartei war meine Haltung zu schroff; sie hätten mir gerne bei den jeweiligen Neuwahlen den Laufpass gegeben. Ich wurde aber durch Zuzug aus den Kreisen des Handwerker- und Gewerbestandes mehrmals wiedergewählt, und hielt es für meine Pflicht, als unerschrockener Verfechter der Opposition gegen die allgemeine Tendenz, den Staatshaushalt zu ruinieren, auszuharren.»

Aber, so berichtet Gregor Stächelin weiter, «ich wurde im Schosse der Partei mit steigender Heftigkeit angegriffen, so dass ich mich im Jahre 1920 im Interesse der Wahrung meiner Überzeugung entschloss…, mich der Bürger- und Gewerbepartei anzuschliessen.»

Dort blieb Gregor Stächelin als Grossrat bis zu seinem Tod 1929.

«In Wahrung meiner Überzeugung»: Hier ist es nicht mehr die religiöse Überzeugung, die Treue zu Kirche und Papst, welche für die politische Entscheidung massgebend ist, sondern rein wirtschaftliches Interessedenken. Die Religion hat ihre Kraft als Klammer von wirtschaftlich gegensätzlichen Ansichten verloren. Dasselbe gilt auch für den Führer der jungen Bürger- und Gewerbepartei – sie wurde 1911 als «Fortschrittliche Bürgerpartei» gegründet –, für den Advokaten Emil Peter. Dieser war von 1897–1903 Präsident der RKG und hatte seine politische Lehrzeit in der KVP absolviert.

26. *Beziehungen zu den Schweizer Dachorganisationen*

Seit dem Beitritt von Ernst Feigenwinter bemühte sich der KV immer wieder um den Anschluss an ähnliche regionale oder nationale katholische Organisationen. Regional hiess dies gemeinsame Anlässe mit den Männervereinen des Birsecks und des Laufentals. Auf nationaler oder wenigstens deutschschweizerischer Ebene war das schwieriger, weil solche Zusammenschlüsse noch gar nicht erfolgt waren oder dann nur kurzlebigen Charakter hatten. Nach dem Sonderbundskrieg folgte nach 1847 auf katholischer Seite

eine Phase der Resignation. Neben dem unpolitischen Piusverein (1857 gegründet) profilierte sich im Kulturkampf immerhin die katholische Presse. Innerhalb der Katholiken zeichneten sich, nach Altermatt, drei politische Richtungen ab:
– Die Innerschweizer. «Aristokratische Hochgeier, Schmerbäuche, Couponabschneider» titulierte sie das BV[272].
– Die Konfessionalisten (Freiburg, Wallis), zu denen auch die sozialpolitisch fortschrittlichen Basel und Zürich gehörten.
– Die «Junge Schule», Leute aus dem Studentenverein wie der erste katholische Bundesrat Zemp: versöhnlich.

Feigenwinter trat gewissermassen die Flucht nach vorne an und war bei Gründungen selber beteiligt. Am 18. Juli 1881 konstituierte sich in Luzern die «Konservative Union»[273]. Über sie referierte Feigenwinter, damals 28jährig, an der Monatsversammlung vom 21. September. Der Präsident Peter Leuthardt stellte den Antrag auf Beitritt, «umsomehr weil ja hauptsächlich wir Katholiken nur Gutes und Erspriessliches von genannter, nur aus Ehrenmännern, wie unter anderen Herrn Dr. Feigenwinter bestehenden Conservativen Union zu erwarten haben, aus Männern, deren Wirken und Streben einzig dahin gehe, die menschliche Gesellschaft in jeder Hinsicht wieder auf ein gesundes Geleise zu bringen», heisst es etwas umständlich im Protokoll. Der Anschluss wurde einstimmig beschlossen. Doch war diese Gründung ein Misserfolg, genau wie die Gründung einer Schweizer Katholischen Volkspartei 1894. Auch hier wurde umgehend der Beitritt beschlossen[274]. Anlass der Gründung war ein Angriff auf den Bundesstaat durch die sogenannte «Beutezugs-Initiative», welche die Zölle zum Teil in die Kantone leiten wollte. Dahinter standen Beck und Ulrich Dürrenmatt[275]. Doch scheint die neue Partei kaum neue Impulse entwickelt zu haben, denn anders lässt sich eine Resolution, welche der Fürsprech Julius Beck, der Bruder Josefs, am 21. April 1895 dem KV vorschlug, kaum interpretieren: «Der KV Basel ersucht den Vorstand der Kath. Volkspartei, in Bälde eine Delegiertenversammlung zu veranstalten, damit eine klare und einheitliche Stellungnahme der konservativen Katholiken der Schweiz zu den schwebenden Tagesfragen erzielt werde.» Eine solche Stellungnahme, allerdings gleichzeitig die letzte, lag vor für die «wichtigste politische und sozialpolitische Frage seit der Bundesverfassung von 1874», den sogenannten Eisenbahnrückkauf, über den im Februar 1898 abgestimmt werden sollte[276]. Die Sache war derart bedeutend, dass der KV am 23. Dezember 1897 dazu eine Resolution fasste. Diese ist auch deswegen interessant, weil sich der KV hier zum erstenmal, und lange vor 1905, «Katholische Volkspartei Basels» nannte:

«Die Kath. Volkspartei Basels
in Erwägung
1. dass die überwältigende Mehrheit der Delegierten der Schweiz. Katholischen Volkspartei die Verwerfung des Eisenbahnrückkaufs empfohlen hat und dass wir es als unsere Pflicht erachten, möglichst einmütig zur Fahne unserer Partei zu stehen,
2. dass der Eisenbahnrückkauf grosse politische Gefahren für unser Land in sich birgt (wegen der ungeheuren Schuldenlast des Bundes, der Vermengung von Wirtschaft

und Politik und weil er der herrschenden Partei auch die Herrschaft über die Bahn bringt usw.), beschliesst
1. Das Referendum ist kräftig zu unterstützen,
2. Es ist auf eine Verwerfung der Vorlage hinzuarbeiten...»

In der Volksabstimmung am 20. Februar 1898 sprach sich aber eine grosse Mehrheit des Schweizervolkes für die Annahme des Gesetzes aus. Über die Folgen schrieb das BV ahnungsvoll: «Für die konservative Partei, vorab für die Katholiken aber war es eine eminent politische Frage, und es wird Mühe kosten, bis man sich nach dieser Schlappe wieder gefunden und gesammelt haben wird.»[277]

Tatsächlich bedeutete der Abstimmungsausgang das Ende der 1894 gegründeten Schweizerischen Partei.

«Um die Jahrhundertwende fehlte im katholisch-konservativen Lager jegliche Führung, zumal die Fraktion selbst in den meisten Fragen gespalten war. Im Grunde trieb jede Kantonalpartei mit Hilfe ihres Presseorgans eine Politik auf eigene Faust», schreibt Altermatt[278].

Fühlung mit andern, gleichgesinnten Kantonalparteien hielt der KV durch den 1887 gegründeten Verband der katholischen Männer- und Arbeitervereine VMAV. Doch auch dieser verlor um 1903/04 seinen inneren Zusammenhalt, denn unterdessen war der christlichsoziale Zentralverband gegründet worden. Als «Katalysator der katholischen Einigung» (Altermatt)[280] wirkte sich der 1903 stattfindende erste schweizerische Katholikentag in Luzern aus. Die historische Bedeutung dieses Tages «lag in der erstmaligen und imposanten äusseren Manifestation und Demonstration der schon lange angestrebten inneren ‹Einheit und Geschlossenheit› des kirchentreuen und in Vereinen organisierten katholischen Schweizervolkes. Es war die erste gesamtschweizerische Volkstagung, an der alle katholisch-konservativen Gruppierungen vom Episkopat über die Fraktion bis zum Studentenverein teilnahmen.» (Altermatt)[281] Dieser Katholikentag beschäftigte auch die Delegiertenversammlung des KV vom 4. September 1903[282]. Es ging um einen eventuellen Extrazug und um die Frage, ob man auch die Frauen einladen solle. «Nach lebhafter Diskussion wird der Antrag des Herrn In Albon angenommen, es seien die Frauen auszuschliessen.»

Als Folge dieses Katholikentages fanden zwischen den beiden grossen Zentralverbänden der deutschen Schweiz, dem VMAV und dem Schweiz. Katholikenverein (ehemals Piusverein), Fusionsgespräche statt, welche in der Konstituierung des Schweizerischen Katholischen Volksvereins gipfelten (16. Mai 1905). Damit war auf Vereinsebene eine zentrale Organisation geschaffen. Was fehlte, war die Einigung auf Parteiebene.

Diese liess auf sich warten, was mancherorts zu Ungeduld Anlass gab. So reichte die Sektion Gundoldingen «betr. Gründung einer sozialen katholischen Partei der Schweiz» eine Motion ein, welche am 17. Juni 1907 an einer Sitzung des Central-Comités behandelt wurde[283]. Man war der Ansicht, «dass bereits vom Schweiz. Volksverein Schritte zur Erreichung dieses Zweckes getan worden seien».

Das Ergebnis musste allerdings erdauert werden – bis zum Jahre 1912. Am 22. April fand in Luzern der Gründungsparteitag statt, an welchem der spätere Bundesrat Etter neben anderen Honoratioren auch den «grauen Führer der Basler Katholiken Dr. Feigenwinter» erspähte, wie er 50 Jahre später berichtete[284]. Eine heftige Debatte entspann sich über der alten Frage: «Soll die neue Partei katholisches oder interkonfessionelles Gepräge erhalten? Soll sie mehr das konfessionell-katholische oder das politisch-konservative Moment betonen?» (Altermatt)[285]. Schliesslich einigte man sich auf den Namen «Schweizerische Konservative Volkspartei».

Auch in der Basler KVP wurde die Frage diskutiert, wie das Protokoll vom 2. April 1912 meldet: «In Bezug auf die Titelfrage wurden aus der Versammlung mehrere Stimmen laut, die sich für den Titel ‹Schweiz. Katholische Volkspartei›, im Gegensatz zu dem offiziell vorgeschlagenen Titel ‹Schweiz. Konservative Volkspartei›, aussprachen. Die Diskussion endete aber damit, dass sich die Delegiertenversammlung entschloss, aus der Namensgebung keine Kabinettsfrage zu machen.» Dr. Niederhauser, der offenbar eine rückschrittliche Politik befürchtete, fand, «das Wort ‹konservativ› (soll) nicht zur Auslegung der Parteigrundsätze und Erweiterung derselben dienen». Sein Antrag wurde aber abgelehnt. Im weiteren billigte man die Statuten der neuen Partei.

Diese stand bald vor ähnlichen Problemen wie der KV Basel schon früher: Arbeiter, mittelständisch-gewerbliche Gruppen und, da die Ebene national war, die Bauern machten Sonderinteressen geltend. Aber da die Gliederung der Partei föderalistisch-autonomistisch war und die Kantonalparteien und Verbände nur in den weltanschaulichen Fragen gebunden waren, gelang es, die wirtschaftlichen und sozialen Gegensätze auszugleichen. Oder, wie der Basler Historiker Emil Dürr[286] formulierte: «Die grosse Tragkraft und die letzte Bindung im katholischen Lager ruht in der Religion. Von Verwirtschaftlichung ist hier keine Rede.»

E. Ins Ghetto – aus dem Ghetto?

Zürich und Basel

In beiden Städten waren die Katholiken in der Minderzahl, sie waren Diaspora-Katholiken. «Es ist etwas Ärmliches und Kümmerliches um den Katholizismus der Diaspora», schrieb der erste katholische Basler Gymnasiallehrer und Mitgründer der Basler Sektion der Neuen Helvetischen Gesellschaft, Dr. August Rüegg, am 7. Mai 1937 im BV. «In der kalten Luft der Diaspora fühlt er (der Katholik, M.) sich auf Schritt und Tritt eben durch seinen Katholizismus in seinem äussern Fortkommen gehindert...Sein Kredit (schwankt) sozusagen immerfort auf der messerschneidescharfen Basis seines persönlichen Könnens und Leistens.»

Um dieselbe Zeit führte der Zürcher Generalvikar Alfred Teobaldi[287] aus: «Diaspora-Katholiken dürfen nicht schlechtere, sondern müssen womöglich bessere Christen sein als die Katholiken in katholischer Umgebung; denn sie sind auf sich selbst gestellt. Sie haben nichts, was sie äusserlich stützt und trägt, die Atmosphäre, in der sie leben, ist kälter und rauher...Eine der grössten Gefahren für den Katholiken in der Diaspora...ist die Gefahr der geistigen Entwurzelung.»

Diese beiden fast identischen Beobachtungen aus den dreissiger Jahren haben für die Zeit der Jahrhundertwende noch viel stärkere Geltung. Allerdings war «für die Minoritätssituation nicht so sehr die zahlenmässige Unterlegenheit als vielmehr die soziologische Inferioritätssituation entscheidend. Im 19. Jahrhundert galten die Katholiken in Zürich als Fremde» (Altermatt).

Und wie die Basler versuchten auch die Zürcher Katholikenführer und der Klerus, ihrer gefährdeten Gemeinde eine «neue geistige Heimat» (Teobaldi) zu schaffen. Dabei war der Katholikenanteil an der Zürcher Stadtbevölkerung schwächer als in Basel. Er betrug 1850 7% (Basel 17%), 1870 13% (Basel 25%), und 1900 25% (Basel 33%). Daraus erklärt sich bei den Vereinsgründungen die zeitliche Verzögerung zu Basel. Es entstanden 1863 der Gesellenverein (Basel 1859), 1873 der Männerverein (Basel 1870), 1877 der Mütterverein (Basel 1859), 1889 der Jünglingsverein (Basel 1879), 1896 die Jungfrauenkongregation (Basel 1877 als Marienverein) und 1890 die Merkuria (Basel 1886).

Auch in Zürich ist die katholische Partei aus dem Männerverein herausgewachsen. Vielleicht orientierte sich dieser Verein bei der Abfassung der Statuten am Basler Katholikenverein, denn einige Formulierungen könnten aus den Basler Statuten stammen: Nicht nur bezweckt der Verein die «grössere Einigung» der Katholiken, sondern eines seiner Ziele ist die «Belehrung und Aufklärung der Mitglieder über kirchliche und politische Fragen...durch Lesung entsprechender Zeitungen».[288] Aus dem Männer- und Arbeiterverein, wie er sich später nannte, formierte sich schon 1896 die katholische Partei. Sie wurde «1905 als ‹Christlichsoziale Partei› (CPS) reorganisiert und auf ein neues Fundament gestellt» (Altermatt).

Aber wie in Basel war der Wähleranteil bescheiden: Nur 8–10% (das heisst jeder dritte Katholik) wählten die katholische Partei. Auch hier gilt es, den hohen Ausländeranteil bei den Katholiken zu berücksichtigen. 1910 betrug er in Zürich sogar 60% (Basel 55%). Teobaldi stellte in den fünfziger Jahren die Faustregel auf, dass «nur ein Drittel aller Katholiken wirklich aktiv praktiziert, ein weiteres Drittel noch ein Minimum seiner religiösen Pflichten erfüllt und das letzte Drittel überhaupt nicht mehr mitmacht». Das deckt sich genau mit den Beobachtungen Pfarrer von Strengs für die Basler Clarapfarrei 1919: Ein Drittel war praktizierend, ein weiteres Drittel indifferent, und das letzte Drittel hatte sich von der Kirche abgewendet[289].

Auch die Zürcher hatten ihre katholische Zeitung. 1896 erschienen erstmals die «Zürcher Nachrichten», ab 1904 hiessen sie «Neue Zürcher Nachrichten». Mit starker Verspätung zu Basel errang die Zürcher Partei höhere politische Ämter: 1918 gab es einen christlichsozialen Bezirksrichter, 1923 einen katholischen Präsidenten des Grossen Stadtrates von Zürich, 1933 wurde ein Christlichsozialer in den exekutiven Stadtrat gewählt, und erst 1963 gelang der Sprung in die Kantonsregierung (Basel 1919). Wieso hinkte Zürich so stark hintennach? War Basel etwa aufgeschlossener und toleranter als die Zwinglistadt Zürich?

Die politische Entwicklung nach 1914

Woher stammt eigentlich der Name «Volkspartei»? Der Ausdruck wurde offenbar aus schweizerischen Gründungen übernommen. «Volkspartei» nannten sich diese Parteien, weil sie das ganze katholische Volk durch alle Schichten vertreten wollten, aber auch «im Gegensatz zur (freisinnigen, M.) Beamten- und Herrenpartei»[290]. Hingegen hat der Basler Partei das Attribut «konservativ» nie behagt. «Ein schriftlich eingereichter Antrag eines abwesenden Delegierten auf Änderung des Namens in ‹Konservative Volkspartei› (in Angleichung an die Schweizer Partei, M.) wird einstimmig abgelehnt»[291].

Trotz dieser Haltung entfernte sich die KVP im Laufe des ersten Jahrzehnts nach der Jahrhundertwende immer weiter von den Sozialdemokraten, deren Ziele teilweise mit den Programmpunkten der katholischen Partei übereinstimmten und deren Kandidaten sie manchmal sogar unterstützt hatte. Die Sozialisten ihrerseits ordneten die Katholiken immer expliziter als Bürgerliche ein. Das galt nicht zuletzt auch für Ernst Feigenwinter persönlich.

«Man erinnert sich auch, dass erst vor kurzem der Führer der Katholiken, Herr Dr. Ernst Feigenwinter, im Grossen Rat den Freisinnigen und Liberalen eine Allianz zur Bekämpfung der Sozialdemokratie antrug!» schrieb der «Vorwärts» während des Wahlkampfs um den Grossen Rat am 6. Mai 1911. Neben Feigenwinter war die Zielscheibe der sozialistischen Angriffe vor allem Gregor Stächelin. Drei Zitate aus demselben

Die acht auf die Ablehnung der Vaterlands-Verteidigung eingeschworenen sozialdemokratischen Kandidaten an der Arbeit, den Krieg in's Land zu lassen.

Wir bedanken uns für eine solche Vertretung
und wählen den

NATIONALEN BLOCK

Wahlkampf aus dem «Vorwärts» vom 4. Mai 1911: «Gregor Stächelin (Katholik) warnt davor, die höher Besteuerten noch weiter zu belasten, da diese sonst fortgehen könnten.» Oder, Stächelin sagte, «dass es im Staatsbetrieb überhaupt keine fleissigen Leute mehr gebe, da der Faule gleich viel Lohn erhalte wie der Fleissige». Oder, über die angeblich so soziale KVP: «Den grössten Spekulanten Basels, Gregor Stächelin-Allgeier, hat sie ja allerdings in ihren Reihen.»

Diese Links-Rechts-Polarisierung setzte sich im Ersten Weltkrieg fort und erreichte einen ersten Höhepunkt in der Bildung eines Bürgerblocks. Initiant war vermutlich der freisinnige Grossrat V.E. Scherer, den Namen «Nationaler Block» trug Dr. Oskar Schär bei. Im Vorfeld der Nationalratswahlen von 1917 trafen sich am 20. September 1917 die Vertreter der vier bürgerlichen Parteien (Liberale, Freisinnige, Fortschrittliche Bürgerpartei und Katholiken) zu einer Besprechung. (Laut KV-Protokoll vom 19. September 1917; leider fehlen im Protokollbuch die weiteren Eintragungen, so dass sich Einzelheiten dieser Blockbildung nicht beibringen lassen.)

Dieser Block beanspruchte fünf der sieben Basler Sitze und sicherte dem schwächsten Partner (ohne die Demokratische Partei) ausdrücklich einen Sitz zu.

Der Wahlkampf war äusserst heftig und drehte sich um die Militärkredite, d.h. für oder gegen die Landesverteidigung. Die Wahlbeteiligung betrug 77%! Tatsächlich trat dann der gewählte Liberale Dr. W. Vischer freiwillig zurück und räumte seinen Platz für Ernst Feigenwinter, der offenbar von den bürgerlichen Wählern noch mit Misstrauen angesehen worden war. Im 2. Wahlgang waren sie immerhin loyal genug, ihm ihre Stimme zu geben. Eine Mitschuld an der Blockbildung scheint allerdings die Sozialdemokraten zu treffen: Die Katholiken wollten nämlich eine gemeinsame Liste *aller* Parteien, doch weigerte sich die SP mitzumachen[292].

Endgültig vollzog sich die Einschmelzung ins bürgerliche Lager im Landesstreik 1918. Er ermöglichte 1919 in der Person von Dr. R. Niederhauser die Beteiligung der KVP im Regierungsrat. Trotzdem geht es nicht an, die KVP als «Juniorpartner des Bürgerblocks» deswegen in die «rechtskonservative» Ecke zu stellen (Stirnimann/Mattioli).

Das beweist der Parteitag der KVP vom 27. November 1918, an dem folgende Postulate des Vorstands einstimmig angenommen wurden (zitiert im BV vom 28. November 1918):

1. Neuwahl des Nationalrats nach Proporz
2. Volkswahl des Bundesrats
3. Totalrevision der Bundesverfassung
4. Die 48-Stunden-Woche
5. Festsetzung von Mindestlöhnen
6. Eine Alters-, Invaliden- und Hinterlassenenversicherung
7. Tragung der Kriegskosten durch die Besitzenden.

Von diesen allgemeinen Forderungen entsprechen vier wesentliche, nämlich die Punkte 1, 4, 6 und 7 den Forderungen des Oltener Komitees. Was fehlt, ist das Frauenwahlrecht und die Reform der Armee.

Auch für den Kanton wurden drei Postulate angenommen:
1. Einführung des Proporzes für die Regierungsratswahlen.
2. Revision der Steuergesetze im Sinne einer stärkeren Heranziehung der besitzenden Klassen.
3. Einführung einer allgemeinen Alters-, Invaliden- und Hinterlassenenversicherung.

An dieser Versammlung meinte Feigenwinter: «Unser soziales Programm ist nicht von heute. Wir Katholiken müssen nicht vom dröhnenden Schritt der Arbeiterbataillone an unsere Pflicht erinnert werden.» Konservativer tönte es bei August Rüegg: «Wir Katholiken wollen alle solidarisch zusammenstehen, Arbeitgeber und Arbeitnehmer. Der alte patriarchalische Familiengeist der katholischen Kirche möge uns beseelen.» Was die KVP 1918 sein wollte, nämlich eine Partei des Ausgleichs und der Mitte, brachte Grossrat Zgraggen, Feigenwinters Nachfolger als Nationalrat, auf den Punkt: «Wir haben zwei Feinde: den Kapitalismus und den Sozialismus.»

Merkwürdigerweise fehlt bei Leo Hänggi jeder Hinweis auf diesen wichtigen Parteitag.

Die Katholiken im Ghetto?
Die aktiven Katholiken bildeten im 19. Jahrhundert, besonders zur Zeit des Kulturkampfes, eine «Sondergesellschaft» (Altermatt). Die «Basler Nachrichten» vom 4. Oktober 1883 sahen in der Konstituierung der Römisch-Katholischen Gemeinde als freier Kirche einen Akt der Absonderung: «Damit hat die RKG klar und deutlich sich zu dem propagandistischen Geiste des Ultramontanismus und Vatikanismus bekannt und es ausgesprochen, dass sie willens sei, die dem modernen Staate feindseligen Ziele und Zwecke derselben zu verfolgen.» Man sah in den Katholiken «nur Bürger statt Bürgen des demokratischen Staats»293. Diese Absonderung war der Preis für die innere Geschlossenheit der Katholiken; ihre Ersatzheimat fanden sie in den zahlreichen Vereinen, die vom Klerus sorgfältig betreut wurden. Entwurzelt, oft dem bäuerlichen Milieu entrissen, waren die Katholiken immer in Gefahr, sich zu assimilieren. So wandte sich z.B. Abbé Joye «in scharfen, aber leider nur zu wahren Worten gegen die neutralen Turnvereine, in denen sich die Freundschaften bilden und die den katholischen Jüngling seiner Kirche entfremden»294. Die Katholiken waren sich ihrer Abgeschlossenheit wohl bewusst. Noch 1965 erinnert sich Alfred Mutz295: «In Basel lebten die Katholiken damals (etwa 1915, M.) immer noch in einem verhüllten Ghetto. Sie waren verachtet, von vielem ausgeschlossen, von manchen verhöhnt und mit wenig Toleranz behandelt.» Das empfand das BV vom 20. März schon 1888 so: «Gerade den Katholiken hat man ein Fernbleiben vom öffentlichen Leben schon zum Vorwurf machen wollen, man hat die katholische Gemeinde wegen ihrer Abgeschlossenheit einen ‹Staat im Staat› genannt.»

Doch gerade diesen Vorwurf wollten die Katholiken nicht auf sich sitzen lassen. Ein Verdienst der Partei ist es, einen Weg aus diesem Ghetto gesucht zu haben durch aktive Teilnahme am staatlichen Leben, allerdings ohne dabei die Grundsätze zu verleugnen, denn «man fühlte sich zur unbedingten, restlosen Verteidigung, eben Apologetik der

Kirche, so wie sie eben war, einfach verpflichtet»[296]. Diese Verteidigungshaltung und die «liebevoll gepflegte Erinnerung an den Kulturkampf begünstigte das Aufkommen einer falschen Wehleidigkeit auf katholischer Seite»[297] – wie sie noch bei Leo Hänggi spürbar wird.

Daneben aber ist der Wunsch vieler Katholiken zu fühlen und im Katholikenverein auch auszumachen, sich trotz aller klerikalen Warnungen ins Stadtleben zu integrieren. Als Beispiel mag hier an den allgemeinen Wunsch des Vereinsvolkes im KV zur Teilnahme an den St. Jakobsfeiern erinnert werden. Wahrscheinlich war die Haltung vieler Basler Katholiken eben ambivalent: Man wollte zwar katholisch bleiben, aber auch ein guter Basler sein. Halbwegs glaubte man dieses Ziel schon 1914 erreicht zu haben: «Der Bann der Vorurteile ist gebrochen, und er muss noch weiter gebrochen werden. Wir müssen den Beweis leisten und leisten ihn, dass in der Erfüllung der Bürgerpflichten und in der Sorge um das allgemeine Wohl, in der Pflege der Rechts und des Bürgersinns wir hinter keiner andern Partei zurückzutreten brauchen» (so im BV vom 18. April 1914).

Doch sollte es bis zum Vaticanum II dauern, bis die Katholiken dieses Gefühl, Bürger zweiter Klasse zu sein, verloren. Vorher war immer «spezifische Empfindlichkeit» (Daniel Künstle[298]) zu spüren, oder wie Künstle meint, «der Katholik *erwartet* eine konfessionelle Diskriminierung». So wurde der Ghettogedanke noch lange – zu lange – gepflegt als Schutz und Selbsterhaltung zugleich[299]. Positiver drückt es Altermatt[300] aus: «Der Weg ins Ghetto war Voraussetzung für den Weg aus dem Ghetto.»

Abkürzungen

BN	Basler Nachrichten
BV	Basler Volksblatt
CVP	Christlich Demokratische Volkspartei
KV	Katholikenverein
KVP	Katholische Volkspartei
NZ	National-Zeitung
RKG	Römisch-Katholische Gemeinde
RKK	Römisch-Katholische Kirche
StABS	Staatsarchiv Basel-Stadt
SVF	Schweizerischer Volksfreund
VMAV	Verband Katholischer Männer- und Arbeitervereine
Vw	Vorwärts

Anpassung an die heutige Schreibweise

z.B. radikal statt radical
    konservativ statt conservativ
    Tat statt That usw.

Anmerkungen

1. Prot. IV, 28.3.1905. Die fünf Protokollbücher des Katholikenvereins (abgekürzt: Prot. I–V) umfassen die Jahre:
Band I: 21.5.1870 bis 13.5.1875 (mit Lücken)
Band II: 13.5.1875 bis 3.6.1890
Band III: 12.6.1890 bis 17.7.1902
Band IV: 20.8.1902 bis 10.9.1912
Band V: 19.10.1912 bis 8.5.1923.
Die Bände I–IV befinden sich zur Zeit im Archiv der Römisch-Katholischen Kirche, Band V im Archiv der Christlichdemokratischen Volkspartei. Beide Archive sind auf dem Staatsarchiv Basel in Bearbeitung.
2. Statuten der Katholischen Volkspartei Basel-Stadt von 1928, im StABS PA 947 (§ 19 und 20). Laut diesen Statuten ging damals auch die Fahne des KV an den kath. Volksverein über.
3. Zur Frühgeschichte der RKG vgl. Theo Gantner, Volkskundliche Probleme einer konfessionellen Minderheit, Winterthur 1970, sowie Markus Fürstenberger, 1529–1798–1973, Katholisch Basel, Basel 1974.
3a. Nach Josef Lacher, Höre mein Kind und Nachkommenschaft, besuchten 1798 1000–1500 Personen den Gottesdienst, allerdings viele davon aus den umliegenden Ortschaften (S. 16).
4. Dazu Willy Pfister, Die Einbürgerung der Ausländer in der Stadt Basel im 19. Jahrhundert, Basel 1976, S. 96–98. Bis 1866 war die Erteilung des Basler Bürgerrechts an die Verpflichtung gebunden gewesen, die Kinder protestantisch erziehen zu lassen (Gantner, S. 140ff.).
5. Leo Hänggi, 50 Jahre Kath. Volkspartei Baselstadt, Basel 1955, S. 16.
6. Gantner, S. 79.
7. Vgl. Graphik. Zahlen bei Karl Bücher, Die Bevölkerung des Kantons Basel-Stadt am 1. Dez. 1888, Basel 1890. Ferner: Graphisch-statistisches Handbuch des Kantons Basel-Stadt, Basel 1938, 2. Heft, S. 6.
8. Wilfried Haeberli, Die Geschichte der Basler Arbeiterbewegung von den Anfängen bis 1914, 2 Bde., Basel 1986/87, I, S. 45.
9. Paul Speiser, Erinnerungen aus meiner öffentlichen Tätigkeit von 1875–1919, Basel 1935, S. 11.
10. SVF 31.12.1870.
10a. Zit. nach E.E.Y. Hales, Pius IX., Politik und Religion, Graz 1957.
11. Albin Breitenmoser, 75 Jahre CVP Baselstadt, Typoskript, StABS PA 947, S. 1.
12. Hänggi, S. 17.
13. 8. Jahresbericht der Inländischen Mission, im BV ab 16.7.1872.
14. Zahlen bei Bücher, S. 36ff.
15. Bücher referiert 1888 folgende Zahlen für Kinder aus Mischehen:

Vater	Mutter	Kinder prot.	kath.
prot.	kath.	679	125
kath.	prot.	462	384.

16. Paul Burckhardt, Geschichte der Stadt Basel, von der Zeit der Reformation bis zur Gegenwart, Basel 1942, S. 314.
17. Speiser, Erinnerungen, Typoskript, S. 58.
18. BV 31.3.1883, zum 25. Pfarrjubiläum Jurts.
19. Sara Janner, Mögen sie Vereine bilden…, Basel 1994, S. 79.
19a. Festschrift zur Goldenen Jubelfeier des Kathol. Gesellenvereins Basel, Basel 1909.
20. Festschrift zum goldenen Jubiläum des Kathol. Jünglingsvereins St. Clara, Basel 1929.

20a Gregor Beuret, Die katholisch-soziale Bewegung in der Schweiz 1848–1919, Diss., Winterthur 1959, S. 19. – Der Piusverein war der Vorgänger des Schweiz. Katholikenvereins.
21 Quellen: Gantner, S. 126, Adressbücher, 8. Jahresbericht des Vereins für Inländische Mission, BN 16. und 17.7.1872.
22 Gantner, S. 102.
23 BV 17.7.1872.
24 BV 31.3.1883.
25 SVF 2.2.1875.
26 BV 9.2.1895.
27 Basler Jahrbuch 1896, in der Chronik vom 9.2.1895.
28 BV 21.5.1903.
29 BN 10.5.1906.
30 BV 12.5.1906.
31 Albert Joos, Von der alten Garde, BV 7.5.1937.
32 A.a.O.
32a Albert Joos am 4.6.1948 im BV.
33 Adressbuch Basel 1877.
34 Prot. I, 1871, S. 4, ohne weiteres Datum.
35 Prot. I, 1871, S. 6, o.D.
36 Prot. I, 1872, S. 6, o.D. Zu 3: Mitt. von Prof. J. Mooser. Ultramontan: Dieser damals häufig benutzte Ausdruck bedeutet jenseits der Berge (Alpen) = streng päpstlich gesinnt.
37 Dazu auch F.A. Stocker, Die Christkatholische Gemeinde Basel, Basel 1881.
38 A. Joos am 4.6.1948 im BV.
39 Dazu Carl Edel, Etwas aus dem Zeitungsleben, Basel 1924, sowie Josef Baumann, 100 Jahre Druckerei Cratander AG, Basel 1988.
40 Kath. Blätter, Organ des Schweiz. Vereins freisinniger Katholiken, Nr. 15, 1873.
41 Baumann, S.19.
42 BV 26.4.1892.
43 Zunftarchiv Schuhmacherzunft, 4a, Eintrittsbuch.
43a BV 26.4.1892.
44 Speiser in den BN vom 12.12.1931.
45 Edel, S. 35ff.
46 Haeberli I, S. 30ff.
47 BV 6.12.1897. Dort sowie bei Edel und Baumann weitere Einzelheiten.
48 Feigenwinter-Archiv Raron, ohne genaue Angabe. Nach Auskünften der Familie von Roten befindet sich dieses Archiv jetzt in Mariastein, zusammen mit dem Basler Feigenwinter-Archiv.
49 Feigenwinter-Archiv, Kuvert 2.
50 SVF und BN, 7.–10.10.1873.
51 Alois Kocher, Die katholische Schule zu Basel, in der Basler Zeitschrift für Geschichte und Altertumskunde 1975, S. 159ff.
52 BV 28.3., 4.4. und 11.4.1874.
53 BN 2.12.1872.
54 J. Hubert Reinkens war zuerst Theologieprofessor in Breslau. Er wurde am 14. Juli 1873 von einer Kommission der deutschen Altkatholiken zum Bischof gewählt und zwei Monate später vom Bischof von Deventer (von der Utrechter Kirche, in apostolischer Sukzession) nach dem Formular des Pontificale Romanum geweiht. Vgl. Victor Conzemius, Katholizismus ohne Rom, die altkatholische Kirchengemeinschaft, Zürich 1969.
55 BN 14.12.1872.
56 Kirchenakten StABS, O 2, Altkath. Gemeinde.

57	A.a.O.
58	Über Klein vgl. Eduard His, Basler Staatsmänner des 19. Jh., Basel 1930, sowie Heinz Isenschmid, Wilhelm Klein, Diss., Basel 1972.
59	Isenschmid, S. 25.
60	SVF 16.–27.10.1873.
60a	Joseph Beck, Pfarrer Burkard Jurt, Basel 1909.
61	BV 25.5.1878.
62	Prot. I, 13.5.1875.
63	Prot. I, 3.9.1875.
64	SVF 27.10.1875.
65	Urs Altermatt, Katholizismus und Moderne, Zürich 1989, S. 260.
66	BV 22.6.1878.
67	BV 22.5.1880.
68	BV 30.4.1881.
69	BV 4.6.1881.
70	Prot. II, 23.3.1882.
71	BV 13.10.1883.
72	Rudolf Kaufmann (Hg.), Gregor Stächelin und seine Familie, Basel 1930, S. 78.
73	Prot. II, 8.6.1882.
74	Prot. II, 21.9.1881.
74a	BV 5.9.1882.
75	BZGA Nr. 75, 1975.
76	Erziehungs-Akten LL 31.1.
77	Kocher, S. 208.
78	Speiser, Typoskript, S. 64.
79	SVF 23.2.1884.
80	A.a.O.
81	BV 26.2.1884.
82	Peter Stadler, Der Kulturkampf in der Schweiz, Frauenfeld 1984, S. 519.
83	Peter Flury, Ernst Feigenwinter, Die Anfänge des Basler Katholikenführers um die Jahrhundertwende, Lic. Arbeit, Basel 1979.
84	Otto Walter, Dr. Ernst Feigenwinter, Basel 1944.
85	Monat-Rosen, Organ des Schweiz. Studenten-Vereins, Nr. 1–4, Oktober–Dezember 1919.
86	Walter, S. 13.
87	Erziehungs-Akten U 27, 1870–1872.
88	Z.B. BV 27.2. und 6.4.1886.
89	Vgl. Adressbücher Basel.
90	Ulrich Dürrenmatt, 1849–1908, laut Historisch-Biographischem Lexikon der Schweiz «Meister der politischen Satire».
91	Ernst August Feigenwinter, Die Feigenwinter im Spiegel von fünf Jahrhunderten, Riehen 1989.
92	Monat-Rosen Nr. 4 vom 20.12.1919, S. 156ff.
93	BV 19.8.1908.
94	BV 23.8.1887. Zum VMAV vgl. Beuret.
95	Erich Gruner, Parteien in der Schweiz, Bern 1977, S. 110ff.
96	Rede im Nationalrat vom 13.11.1918, in «Der Landesstreik vor dem Nationalrat», von E. Feigenwinter, Luzern 1991, S. 20. Greulich wurde der erste Arbeitersekretär.
97	Urs Altermatt, Der Weg der Schweizer Katholiken ins Ghetto, Zürich 1991, S. 119.
98	A.a.O., S. 132.
99	A.a.O., S. 119–135.

100 Karl Fry, Kaspar Decurtins, der Löwe von Truns, I u. II, Zürich 1949/52, S. 229 II.
100a NZ 16.9.1919.
101 Über Beck: Markus Schmid, Josef Becks Versuch einer Politik sozialer Demokratie und Verständigung, Diss., Stans 1965; über Decurtins: Fry, Decurtins.
102 Beck, Memorabilia, zit. nach Schmid, S. 8.
103 Beck, Entwurf zum Curriculum Vitae, zit. nach Schmid, S. 8 und 9.
104 Protokollbuch des Basler Gesellenvereins vom 27.7.1888, anlässlich von Becks Verabschiedung.
104a Schmid, S. 12.
105 Fry I, S. 365.
106 Fry II, S. 127.
106a BV 2.10.1884.
107 Fry II, S. 129.
108 Rud. Niederhauser in der NZ vom 16.9.1919.
109 Vgl. Grafik auf S. 11 sowie die Zahlen bei Kinkelin und Bauer.
110 BV 22.11.1890.
111 Vgl. Arthur Müller, Die Einführung des proportionalen Wahlrechts in Basel, Lic. Arbeit, Basel 1979.
112 Feigenwinter-Archiv, Kuvert 26.
113 BV 12.6.1897.
114 BV 26.2.1905.
115 Prot. IV, 8.2.1905.
116 Ob diese Geistlichen auch «intransigent» und «militant bekennerhaft» waren, entzieht sich unserer Kenntnis. Vgl. Aram Mattioli und Charles Stirnimann, Die Rückeroberung der Strasse für Gott, in: «Fenster zur Geschichte», Basel 1992, S. 285.
117 Feigenwinter-Archiv, Mappe G 24, Kuvert 9. Ich danke Herrn Dr. M. Wehrli für den Hinweis.
118 Vw 2. und 5.11.1893, BV 13.11.1893.
119 BV 7. und 8.12.1904 («In eigener Sache»).
120 Basler Anzeiger 3.5.1928.
121 Prot. III, 19.9.1900.
122 Prot. III, 15.3.1903.
123 Prot. IV, 22.2.1903.
124 Straf- und Polizei-Akten, F 9a, 1870.
125 A.a.O.
126 A.a.O.
127 A.a.O., Basler Narrenzeitung Nr. 4, 1875.
128 A.a.O., Neue Basler Narrenzeitung, Nr. 1, 1884.
129 A.a.O., Basler Narrenzeitung, Nr. 1, 1881.
130 A.a.O., Prinz Karneval, 1884.
130a Laut Historisch-Biographisches Lexikon der Schweiz, Neuenburg 1927.
131 Straf- und Polizei-Akten F 9a, Basler Narrenzeitung Nr. 4. 1884.
132 A.a.O., Zettel des Proportional-Klubs, 1889.
133 A.a.O., Zettel der Ungarischen Älpler, 1891.
134 A.a.O., Zettel der Alt-Basiliska, 1895.
135 Gantner, S. 159ff.
136 Hänggi, S. 30.
137 BV 19.4.1884.
138 Prot. II, 11.3.1886.
139 BV 27.3.1886.
140 Prot. II, 2. und 8.4.1887.
141 BV 24.5.1887.

142 BV 5.4.1887.
143 BV 3.5.1887.
144 BV 22.9.1887.
145 Prot. II, 15.9.1887.
146 Erinnerungen, in «Gregor Stächelin und seine Familie», hg. von Rudolf Kaufmann, Basel 1930.
147 Prot. II, 23.4.1889.
148 Haeberli II, S. 127.
149 Prot. II, 12.4.1890.
150 Haeberli II, S. 130.
150a BV 25.4.1890.
151 A.a.O.
152 BV 18.4.1893.
153 Vereinshaus: «Vereinshauspartei» = Gruppe sehr aktiver Protestanten, welche die öffentliche Wirksamkeit scheuen. Grosse Propagandatätigkeit. Seit 1865/69 am Nadelberg 6/Petersgraben 39. Vgl. Dorothea Roth, Die Politik der Liberal-Konservativen in Basel 1875–1914, Basel 1988.
154 Prot. III, 26.4.1893.
155 Prot. III, 30.4.1893.
156 Prot. III, 7.12.1894.
157 Haeberli II, S. 134.
158 BV 28.4.1896.
159 Prot. III, 28.11.1897.
160 Feigenwinter-Archiv, Kuvert 26, 14.4.1899.
161 BV 25.4.1902.
162 BV 7.12.1904.
163 BV 29.4.1902.
164 Haeberli II, S. 114.
165 BV über die Sitzung vom 8.11.1886.
165a BN 10.11.1886.
166 BV 22.2.1887.
167 BV 8.12.1892.
168 NZ 29.8.1894.
169 Bau-Akten DD 26, 1894.
170 BV 28.9.1894.
171 Prot. III, 29.11.1891.
172 BV 28.10.1893.
173 BV 28.6.1895.
174 BV 7.9.1896.
175 BV 23.10.1896.
176 25.10.1902.
177 BV 25.10.1902.
178 Prot. II, 1885 und 1886.
179 BV 20.1.1885.
180 Prot. II, 16.4.1885.
181 Prot. II, 5.12.1886.
182 Prot. II, 13.1.1887.
183 StABS, Biographische Zeitungsausschnitte.
184 Prot. III, 11.6.1891.
185 RKK-Archiv, 3011.0.
186 BV 10.9.1894.

187 Prot. II, 1.12.1884.
188 BV 11.12.1884.
189 Prot. II, 24.8.1886.
190 Prot. II, 16.9.1886.
191 Nach Angabe von Therese Wollmann, Kunsthistorikerin.
192 Prot. III, 10. und 11.8.1899.
192a Mitteilung von Dr. Max Wehrli. Die Grütli-Statuten im Feigenwinter-Archiv, Mappe G 24, Kuvert 9.
193 Prot. II, 13.6.1889. Die Statuten von 1888 sind nicht vorhanden.
195 Mitgliederverzeichnisse in RKK-Archiv, 3011.6. Zu den Löhnen, Haeberli II, S. 16/17.
196 Prot. II, 21.12.1889.
197 Prot. III, 12.6.1890.
198 RKK-Archiv, 3011.0.
199 BV 6.9.1903.
200 BV 6.4.1897.
200a Prot. III, 13.3.1895.
201 Haeberli II, S. 189.
202 Feigenwinter im BV vom 7./8.12.1904.
203 Prot. III, 5.4. und 17.4.1900.
203a Statuten der «Eintracht» im Archiv der CVP (Männerverein St. Johann).
204 Prot. III, 31.5.1901.
205 Prot. IV, 20.8.1902.
205a R.N. (Rud. Niederhauser) im BV vom 21.9.1945, sowie BV 29.9.1921.
206 Statuten im RKK-Archiv, 3011.0.
207 BV 10.7.1904.
208 Pfister, S. 28 und 29.
209 Oskar H. Jenny, Die Bevölkerung des Kantons Basel-Stadt am 1. Dez. 1910, Basel 1914–1917.
210 Eduard Borel, Religion und Beruf, Diss., Basel 1930.
211 Prot. IV, 15.3.1905.
211a BV 6.5.1908.
212 RKK-Archiv 3021.12.
212a Prot. V, 7.10.1915.
213 Feigenwinter-Archiv, 536.
214 BV 8.4.1905
215 Nach Mattioli/Stirnimann war nur etwa ein Drittel der Katholiken praktizierend.
215a Zahlen in den BN vom 9./10.5.1905.
216 BV 9.10.1952.
217 BV 9.10.1952.
218 BV 10.2.1955 (R.N.)
219 Jos. Anton Häfliger, Carl Gutzwiller-Meyer, Basel 1929, und Sara Janner, Mögen sie Vereine bilden…, Basel 1994.
219a Parteiprogramme 1908, 1911 und 1914 im RKK-Archiv 3011.5.
220 BV 10.5.1908.
221 Kaufmann, S. 81.
222 BV 12.5.1908.
223 BV 8.7.1908 (Jahresbericht des KV).
224 NZ resp. BN vom 12.5.1908.
225 Mattioli/Stirnimann, Anm. 8.
226 RKK-Archiv 3011.6.
226a StABS Steuern N 3, Horburg, 1911.

226b Errechnet nach Bernard Degen, Das Basel der andern, Geschichte der Basler Gewerkschaftsbewegung, Basel 1986.
227 Walter Lüthi, Die Strukturen des Basler Grossen Rates von 1875–1914, in der Basler Zeitschrift für Geschichte und Altertumskunde, 1962 und 1963.
228 BV 13.5.1911.
229 BV 13.5.1911.
230 BV 16.5.1911.
231 NZ 2.5.1914.
232 NZ 9.5.1914.
233 BV 12.5.1914.
234 BV 29.10.1905.
235 BN, zitiert im BV vom 31.10.1905.
236 Prot. IV, 25.10.1905.
237 Prot. IV, 17.10.1911.
238 BV 7.11.1911.
239 Vw 30.6.1907.
240 BN 1.7.1907.
241 BV 19.5.1905.
242 BV 23.11.1905.
243 Die Daten beziehen sich im folgenden auf den Sitzungstag. Die entsprechenden Berichte des BV sind 1–3 Tage später zu finden.
244 BV 27.4.1912.
245 BV 5.3.1910.
246 Carl Christoph Burckhardt-Schazmann, Schriften und Vorträge, Basel 1917.
247 Hänggi, S.42.
248 Paul Burckhardt; Joh. G. Fuchs; Felix Hafner, Die hinkende Trennung von Kirche und Staat im Kanton Basel-Stadt, in: Adrian Loretan, Kirche und Staat im Umbruch, NZN-Verlag, Zürich 1995.
249 Haeberli II, S. 147.
250 P. Burckhardt, S. 341.
251 C. Chr. Burckhardt, S. 165 und 166.
252 BV 5.3.1910.
253 BV 26.3.1909.
253a E. Feigenwinter, Die Stellung der Katholiken Basels zur Kirchenfrage, Basel 1909.
254 BV 26.3.1909.
255 C. Chr. Burckhardt, S. 205 und 206.
256 C. Chr. Burckhardt, S. 206.
257 C. Chr. Burckhardt, S. 147.
258 C. Chr. Burckhardt, S. 146 und 147.
259 Statuten des Schweiz. Kath. Volksvereins vom 2.2.1905.
260 Prot. IV, 21.11.1905.
261 Prot. IV, 7.11.1906.
262 Prot. IV, 3.7.1907.
263 Daniel Künstle, Das Selbstverständnis der Basler Katholiken von Beginn bis Mitte des 20. Jh., Seminararbeit, Basel 1989, S. 20.
264 Prot. IV, 21.1.1908.
265 Prot. IV, 6.4.1908.
266 Prot. IV, 28.9.1909.
267 Prot. IV, 6.6.1907.
268 BV 10.7.1908.

269 Prot. IV, 14.1.1908.
270 Prot. IV, 17.3.1911.
271 Stächelin, S. 82.
272 Zit. bei Gruner, S. 110.
273 Prot II, 13.9.1881.
274 Prot. III, 6.9.1894.
275 Gruner, S. 111.
276 BV 24.12.1897.
277 BV 21.2.1898.
278 Altermatt, Vom Volksverein zur Volkspartei, Separatdruck aus der Schweizer Rundschau Nr. 2, 1972, S. 20.
279 A.a.O., S. 13.
280 A.a.O., S. 13.
281 A.a.O., S. 15.
282 Prot. IV, 4.9.1903.
283 Prot. IV, 17.6.1907.
284 In seiner Ansprache zum Jubiläumsparteitag 1962, hg. vom Generalsekretariat der CVP Schweiz.
285 Altermatt, Vom Volksverein…, S. 27.
286 Emil Dürr, Neuzeitliche Wandlungen in der Schweiz. Politik, Basel, 1928, S. 61.
287 Zitiert nach einem Aufsatz von Urs Altermatt in der «Neuen Zürcher Zeitung» vom 22. resp. 28. Juli 1987. Die Angaben über Zürich stammen alle aus diesem Aufsatz.
288 Statuten bei Altermatt, Ghetto, S. 61.
289 Nach Stirnimann/Mattioli.
290 Altermatt, Ghetto, S. 437.
291 Delegiertenversammlung des KV vom 7.10.1915.
292 Basler Jahrbuch 1918, S. 384–386.
293 Prof. J. Mooser in seiner Vorlesung ‹Religion in der modernen Gesellschaft des 19./20. Jh.› (WS 1995/96).
294 BV, 9.9.1902.
295 Skizzen aus der Jugend eines Achtzigjährigen, Basel 1983.
296 Alfred Stoecklin, Schweizer Katholizismus, Zürich 1978, S. 50.
297 Victor Conzemius, 150 Jahre Diözese Basel, Basel 1980, S. 18.
298 Künstle, Selbstverständnis.
299 Vgl. Gantner, Anm. 57 und 174.
300 Altermatt, Ghetto, S. 428.

Quellen

A: Ungedruckte Quellen

1. Staatsarchiv Basel-Stadt
– Archiv der Römisch-Katholischen Gemeinde
darin: Protokollbücher des Katholikenvereins
      I: 21.5.1870–13.5.1875
      II: 13.5.1875– 3.6.1890
      III: 12.6.1890–17.7.1902
      IV: 20.8.1902–10.9.1912
ferner: Katholikenverein
      Kath. Männerverein St. Clara/St. Michael
      Kath. Männerverein St. Joseph/Kleinhüningen
      Jungkath. Bewegung, soziale Gruppen
– Privatarchive PA 947, Archiv der Kath. Volkspartei/CVP
darin: Protokollbuch V: 29.10.1912–8.5.1923
      Statuten der KVP resp. CVP
      Männerverein St. Johann («Eintracht»)
      Albin Breitenmoser: 75 Jahre CVP Basel-Stadt, Typoskript
– Bau-Akten DD 26, 1894
– Erziehungs-Akten U 27, 1870–1872
– Kirchenakten O 2, Altkath. Gemeinde
– Steuern N 3, Horburg, 1911
– Straf- und Polizei-Akten F 9a, 1870–1895 (Fasnacht)
– Zunftarchive, Schuhmacherzunft, 4a, Eintrittsbuch
– Paul Speiser, Erinnerungen …, Typoskript, PA 491

2. Archiv des Klosters Mariastein
– Feigenwinter-Archiv
darin: Programme der Kath. Volkspartei
      Monat-Rosen, Organ des Schweiz. Studentenvereins
      Briefe von und an Ernst Feigenwinter

3. Archiv des Kath. Gesellenvereins Basel
Protokollbuch

B. Gedruckte Quellen (Staatsarchiv Basel-Stadt)

– Adressbücher der Stadt Basel
– Basler Jahrbücher
– Basler Zeitschrift für Geschichte und Altertumskunde
– Die Bevölkerung des Kantons Basel-Stadt (Bevölkerungsstatistiken):
  von Burckhardt-Fürstenberger 1860
    Hermann Kinkelin 1870 und 1880
    Karl Bücher 1888
    Stephan Bauer 1900
    O.H. Jenny 1910
– Historisch-Biographisches Lexikon der Schweiz, Neuenburg 1927
– Sammlung Biographischer Zeitungsausschnitte

C. Zeitungen, Zeitschriften

Basler Anzeiger
Basler Nachrichten
Basler Volksblatt (die Jahrgänge 1875–1877 fehlen, 1878–1884 bei der Druckerei Cratander, Basel)
Kathol. Blätter, Organ des Schweiz. Vereins freisinniger Katholiken
Monat-Rosen, Organ des Schweiz. Studentenvereins
National-Zeitung
Schweiz. Volksfreund
Vorwärts

Literatur
zur Römisch-Katholischen Gemeinde und zur Kath. Volkspartei

Baumann Josef	100 Jahre Druckerei Cratander AG, Basel 1988.
Conzemins Victor	150 Jahre Diözese Basel, Weg einer Ortskirche aus dem ‹Ghetto› zur Ökumene, Basel 1980. (Vorträge der Aeneas-Silvius-Stiftung)
Edel Carl	Etwas aus dem Zeitungsleben, Basel 1924.
Fürstenberger Markus	Katholisch Basel, Basel 1974.
Gantner Theo	Volkskundliche Probleme einer konfessionellen Minderheit. Dargestellt an der römisch-katholischen Diaspora der Stadt Basel. Winterthur 1970.
Häfliger Josef Anton	Carl Gutzwiller-Meyer, o.O.1929.
Hänggi Leo	50 Jahre Katholische Volkspartei Basel-Stadt, Basel 1955.
Kocher Alois	Die Katholische Schule zu Basel, in der Basler Zeitschrift für Geschichte und Altertumskunde 1975.
Künstle Daniel	Im Vertrauen auf die Vorsehung (150 Jahre Lindenbergschwestern), Basel 1993.
Mattioli Aram und Stirnimann Charles	Die Rückeroberung der Strasse für Gott, Separatum aus Fenster zur Geschichte, hg. von Bernhard Degen u.a., Basel 1992.
Sauter Josef	Abbé Joye, Luzern 1945.
–	Höre mein Kind und Nachkommenschaft (Bericht zu den Anfängen der RKG), Basel 1948.
–	Die Alten Hatstätter, Basel 1954.
–	Alte Hatstätter, Basel 1979.
–	Festschrift zur Goldenen Jubelfeier des Kath. Gesellenvereins Basel, Basel 1909.
–	Festschrift zum goldenen Jubiläum des Kath. Jünglingsvereins St. Clara, Basel 1929.
–	St. Marien Basel, Basel 1986.
–	Kirche St. Joseph, Basel 1988.

zu Ernst Feigenwinter:

Flury Peter	Ernst Feigenwinter: Die Anfänge des Basler Katholikenführers um die Jahrhundertwende. Lic. Arbeit, Basel 1979.
Walter Otto	Ernst Feigenwinter, Basel 1944.
Feigenwinter Ernst	Die Stellung der Katholiken Basels zur Kirchenfrage, Basel 1909.
	Der Kampf um den gerechten Lohn, Luzern 1918.
	Klassenkampf und Klassenversöhnung, Luzern 1919.
	Der Landesstreik vor dem Nationalrat, Luzern 1919.

zu Basel:

Borel Edouard	Religion und Beruf, Diss., Basel 1930.
Burckhardt Carl Christoph	Schriften und Vorträge, Basel 1917.
Burckhardt Paul	Geschichte der Stadt Basel von der Zeit der Reformation bis zur Gegenwart, Basel 1942.
Fuchs Johannes Georg	Unsere Basler Kirchen, Basel 1984 (Sonderdruck aus: Das politische System …)
Haeberli Wilfried	Geschichte der Basler Arbeiterbewegung von den Anfängen bis 1914, Basel 1986/87 (Neujahrsblatt 164 und 165).
His Eduard	Basler Staatsmänner des 19. Jh., Basel 1930.
Isenschmid Heinz	Wilhelm Klein, Diss., Basel 1972.
Janner Sara	Mögen sie Vereine bilden …, Basel 1994.
Kaufmann Rudolf	Gregor Stächelin und seine Familie, Basel 1930.
Lüthi Walter	Der Basler Freisinn von den Anfängen bis 1914, Basel 1983. (Neujahrsblatt 161).
	Die Strukturen des Basler Grossen Rates von 1875–1914, Basler Zeitschrift für Geschichte und Altertumskunde, Basel 1962/63.
Müller Arthur	Die Einführung des proportionalen Wahlrechts in Basel, Lic. Arbeit, Basel 1979.
Pfister Willy	Die Einbürgerung des Ausländer in der Stadt Basel im 19. Jh., Basel 1976.
Roth Dorothea	Die Politik der Liberal-Konservativen in Basel 1875–1914, Basel 1988 (Neujahrsblatt 167).
Schneider Friedrich	Hieronymus Roggenbachs Erlebnisse, Basel 1943 und 1959.
Speiser Paul	Erinnerungen aus meiner öffentlichen Tätigkeit von 1875–1919, Basel 1935.

Stocker F.A.	Die christkatholische Gemeinde Basel, Basel 1881.
Zumstein Otto	Beiträge zur Parteigeschichte, Diss., Basel 1936.
–	Der Basler Religionsprozess, Bern 1885.
–	Das politische System Basel-Stadt, Basel 1984.
Teuteberg René	Basler Geschichte, Basel 1986.

Schweiz, Allgemein:

Altermatt Urs	Vom Volksverein zur Volkspartei, Schweizer Rundschau 2/1972.
	Katholizismus und Moderne, Zürich 1989.
	Der Weg der Schweizer Katholiken ins Ghetto, Freiburg i.Ue. 1995.
Beuret Gregor	Die katholisch-soziale Bewegung in der Schweiz 1848–1919, Diss., Winterthur 1959.
Conzemius Victor	Katholizismus ohne Rom, die altkatholische Kirchengemeinschaft, Zürich 1969.
Dürr Emil	Neuzeitliche Wandlungen in der Schweizer Politik, Basel 1928.
Fry Karl	Kaspar Decurtins, der Löwe von Truns, 2 Bde., Basel 1943 und 1959.
Gruner Erich	Parteien in der Schweiz, Bern 1977.
Hales E.E.Y.	Papst Pius IX., Politik und Religion, Graz 1957.
Mattioli Aram	Zwischen Demokratie und totalitärer Diktatur, (Gonzague de Reynold), Zürich 1994.
Schmid Markus	Josef Becks Versuch einer Politik sozialer Demokratie und Verständigung, Diss., Stans 1965.
Stadler Peter	Der Kulturkampf in der Schweiz, Frauenfeld 1984.
Stoecklin Alfred	Schweizer Katholizismus, Eine Geschichte der Jahre 1925–1975, zwischen Ghetto und konziliarer Öffnung, Zürich 1978.
–	Geschichte der Schweiz und der Schweizer, Lausanne/Basel 1986.

Bildernachweis

S. 15: Alte Hatstätter, Festschrift, 1979. S.16, 22: P. Meier-Kern. S. 20, 94, 116/117: Archiv der RKG. S. 33: Denkmalpflege. S. 36, 50: Basler Volksblatt. S. 42: Otto Walter, Ernst Feigenwinter. S. 56, 69: StABS, Straf- und Polizei, F 9a. S. 82: Benoit Joos, Pratteln. S. 96/97, 98, Umschlag: StABS, Räte und Beamte, A 4a. S. 108: Anton Häfliger, Carl Gutzwiller. S. 126: StABS, Eidgenossenschaft, P 5.

Dank

Mein herzlicher Dank geht an
– die Verantwortlichen der Römisch-Katholischen Kirche und der CVP für die Benützung ihrer Archive,
– Abt Lukas vom Kloster Mariastein,
– den Verlag Cratander, der mir Einblick in die sonst nirgends vorhandenen Nummern des «Basler Volksblatts» ermöglicht hat,
– Herrn Dr. M. Wehrli, der mir seine Notizen zur Verfügung gestellt hat,
– Dr. Franz Wirth und Pierre Felder, welche das Manuskript sorgfältig durchgesehen haben,
– die hilfsbereiten Geister im Basler Staatsarchiv,
– Frau Beatrice Alder, Frau Doris Tranter und Frau Martina Parshchikov für die Betreuung des vorliegenden Buchs.

P.M.-K.